LA RABIA

Y

EL ORGULLO

Oriana Fallaci

LA RABIA
Y
EL ORGULLO

*Traducido del italiano por Miguel Sánchez
con la colaboración de la autora*

 **Editorial El Ateneo**

303.6   Fallaci Oriana
FAL   La rabia y el orgullo - 1a. ed., - Buenos Aires:
          El Ateneo, 2002.
          184 p.; 14 x 20 cm.
          © de la traducción, Oriana Fallci

          ISBN 950-02-8682-3

          I. Título - 1. Historia

Derechos exclusivos de edición en castellano
reservados para América Latina.
Queda hecho el depósito que establece la ley 11.723

Primera edición de Editorial El Ateneo
© 2002, LIBRERÍAS YENNY S.A.
Patagones 2463 - (C1282ACA) Buenos Aires - Argentina
Tel.: (54 11) 4943 8200 - Fax: (54 11) 4308 4199
E-mail: editorial@elateneo.com

Impreso en la Argentina

A mi padre y a mi madre, Edoardo y Tosca Fallaci,
que me enseñaron a decir la verdad,
y a mi tío, Bruno Fallaci,
que me enseñó a escribirla.

AL LECTOR

Yo había elegido el silencio, yo había elegido el exilio. Porque en los Estados Unidos de Norteamérica, ha llegado el momento de decirlo alto y claro, resido como una expatriada. Vivo en el autoexilio político que contemporáneamente a mi padre me impuse hace muchos años. Es decir, cuando ambos nos dimos cuenta de que vivir codo a codo con una Italia cuyos ideales yacían en la basura se había convertido en algo demasiado difícil, demasiado doloroso, y desilusionados ofendidos heridos cortamos los lazos con la mayoría de nuestros compatriotas. Él, retirándose a una remota colina del Chianti adonde la política a la que había consagrado su vida de hombre íntegro y probo no llegaba. Yo, vagando por el mundo y después escogiendo Nueva York, donde entre mí y aquellos compatriotas estaba el océano Atlántico. Este paralelismo puede parecer paradójico, lo sé. Pero cuando el exilio habita en un alma desilusionada ofendida herida, créeme, la situación geográfica no cuenta. Cuando amas a tu país (y sufres por él) no existe diferencia alguna entre hacer de Cincinato en una remota colina del Chianti, junto a tus perros y tus ga-

9

*tos y tus gallinas, o ser escritor en una isla de rascacie-
los apretujados por millones de habitantes. La soledad
es idéntica. La sensación de fracaso, también.*

*Además, Nueva York ha sido siempre el Refugium
Peccatorum de los expatriados. De los exiliados. En
1850, tras la caída de la República Romana y la muerte de Anita y la huida de Italia, Garibaldi también vino aquí: ¿recuerdas? Llegó de Liverpool el 30 de julio,
tan furioso que en el momento de desembarcar dijo
quiero-solicitar-la-ciudadanía-norteamericana, y durante dos meses vivió en Manhattan como huésped del
livornés Giuseppe Pastacaldi: 26 Irving Place. (Dirección que conozco muy bien porque aquí en 1861
se refugió mi bisabuela Anastasìa también huida de
Italia.) Después se trasladó a Staten Island, pobre
Garibaldi, para vivir en casa del florentino Antonio
Meucci (el futuro inventor del teléfono) y para ir ti-
rando abrió una fábrica de salchichas que no tuvo éxito. De hecho la convirtió en una fábrica de velas, y en
la taberna de Manhattan adonde cada sábado se des-
plazaba para jugar a las cartas (la taberna Ventura de
Fulton Street), una noche dejó una tarjeta que decía:
«Damn the sausages, bless the candles, God save Italy
if he can. Malditas las salchichas, benditas las velas,
que Dios salve a Italia si puede». Y aún antes que Garibaldi, ¿sabes quiénes vinieron? En 1833, Piero Ma-*

10

roncelli: el escritor romano que había compartido con Silvio Pellico la celda del despiadado penal de Spielberg (la misma en la que los austriacos le amputaron despierto la pierna gangrenada), y que en Nueva York, trece años después, murió de privaciones y nostalgia. En 1835, Federico Confalonieri: el aristocrático milanés condenado a muerte por los austriacos y a quien su mujer Teresa Casati había salvado arrojándose a los pies del emperador Francesco I. En 1836, Felice Foresti: el estudioso ravenés al que los austriacos le habían conmutado la pena de muerte por veinte años en Spielberg y al que Nueva York acogió otorgándole la cátedra de literatura del Columbia College. En 1837, los doce lombardos condenados a la horca y en el último momento indultados por los austriacos (a fin de cuentas menos inhumanos que el Papa y los Borbones...). En 1838, el general Giuseppe Avezzana que en 1822 había sido condenado a muerte en contumacia por participar en los primeros movimientos constitucionales de Piamonte. En 1846, el mazziniano Cecchi-Casali que en Manhattan fundó el periódico «L'Esule Italiano». En 1849, el secretario de la Asamblea Constituyente romana Quirico Filopanti...

Y eso no es todo. Porque después de Garibaldi muchos otros encontraron asilo en este Refugium Peccatorum. En 1858, por ejemplo, el historiador Vincenzo Botta que durante veinte años enseñó en la *New York University* como *Profesor Emérito*. Y al principio de la Guerra Civil, es decir, el 28 de mayo de 1861, aquí se formaron las dos unidades de voluntarios italianos a quienes Lincoln pasó revista a la semana siguiente: la *Italian Legion* que sobre la bandera norteamericana llevaba un gran lazo tricolor con la inscripción «*Vincere o Morire*», y los *Garibaldi Guards*, o sea el *Thirtyninth New York Infantry Regiment* que en lugar de la bandera norteamericana enarbolaba la bandera italiana con la que Garibaldi había combatido en Lombardía y en Roma. Oh sí: los míticos *Garibaldi Guards*. El mítico Trigésimo Noveno de Infantería que durante los cuatro años de guerra sobresalió en las batallas de *First Bull Run, Cross Keys, Gettysburg, North Anna, Bristoe Station, Po River, Mine Run, Spotsylvania, Wilderness, Cold Harbor, Strawberry Plain, Petersburg, Deep Bottom,* hasta *Appomattox*. Si no me crees, mira el obelisco que está en el cementerio de *Ridge*, en Gettysburg, y lee la lápida que elogia a los italianos caídos el 2 de julio de 1863 por haber recuperado los cañones capturados por los sudistas del general Lee al nordista *Fifth Regiment US Artillery*. «*Passed away before life's noon / Who shall say they died too soon? / Ye who mourn, oh, cease from tears / Deeds like these outlast the years.*»

12

Por lo que respecta a los exiliados que hallaron asilo en Nueva York durante el fascismo, son incontables. Y con frecuencia son hombres (casi todos intelectuales de gran valía) que yo conocí de niña porque eran compañeros de mi padre, por tanto militantes de Giustizia e Libertà: el movimiento fundado en los años treinta por Carlo y Nello Rosselli, los dos hermanos asesinados en Francia por los Cagoulards a las órdenes de Mussolini. (En 1937, en Bagnole-de-l'Orne, cerca de Alençon, a tiros…) Entre esos compañeros, Girolamo Valenti, que aquí fundó el periódico antifascista «Il Mondo Nuovo». Armando Borghi que junto a Valenti organizó la Resistencia Italonorteamericana. Carlo Tresca y Arturo Giovannitti que con Max Ascoli fundaron The Antifascist Alliance of North America. Y en 1927, mi querido Gaetano Salvemini, quien enseguida se trasladó a Cambridge, Massachusetts, para enseñar Historia en la Universidad de Harvard y quien durante catorce años aturdió a los norteamericanos con sus conferencias contra Hitler y Mussolini. (De una conservo la convocatoria. La tengo en mi living, en un hermoso marco de plata, y dice: «Sunday, May 7th 1933 at 2,30 p.m. Antifascist Meeting. Irving Plaza hotel, Irving Plaza and 15th Street, New York City. Professor G. Salvemini, International-known Historian, will speak on Hitler and Mussolini. The meeting

13

will be held under the auspices of the Italian organization Justice and Liberty. Admission, 25 cents».) En 1931, su gran amigo Arturo Toscanini, a quien Costanzo Ciano (padre de Galeazzo y suegro de Edda, o sea la hija mayor de Mussolini, y además embajador ante Francisco Franco durante la Guerra Civil española) acababa de abofetear en Bolonia porque en un concierto se había negado a tocar el himno de los Camisas Negras: «Giovinezza, Giovinezza, Primavera di Bellezza». En 1940, Alberto Tarchiani y Alberto Cianca y Aldo Garosci y Nicola Chiaromonte y Emilio Lussu que en Manhattan buscaron a Randolfo Pacciardi y don Sturzo, con los cuales fundaron la Mazzini Society y luego el semanario «Nazioni Unite»...

Quiero decir: aquí estoy en buena compañía. Cuando me falta la Italia que no es la Italia malsana de la que hablaba al principio (y me falta siempre) no tengo más que convocar a esos nobles modelos de mi primera juventud: fumarme un cigarrillo con ellos y pedirles que me consuelen un poco. Écheme-una-mano, profesor Salvemini. Écheme-una-mano, profesor Cianca. Écheme-una-mano, profesor Garosci... Ayúdenme-a-pensar-que-no-estoy-sola. O bien no tengo más que evocar a los gloriosos fantasmas de Garibaldi, Maroncelli, Confalonieri, Foresti, etcétera. Hacerles una reverencia, ofrecerles una copita de aguardiente, poner

14

el disco del «Nabucco» interpretado por la Orquesta Filarmónica de Nueva York dirigida por Arturo Toscanini. Escucharlo con ellos. Y cuando me falta mi Florencia, cuando me falta mi Toscana (algo que me pasa aún con mayor frecuencia), me basta subir a un avión y dirigirme allí. Pero de incógnito, como hacía Mazzini cuando dejaba Londres para ir a Turín y visitar clandestinamente a su Giuditta Sidoli. En mi Florencia, en mi Toscana, de hecho, paso más tiempo de lo que la gente cree. A veces, meses y meses o un año seguido. Si no se sabe es porque voy de incógnito, a la Mazzini. Y si voy de incógnito, a la Mazzini, es porque me repugna encontrar a los supuestos compatriotas por culpa de los cuales mi padre murió autoexiliado en su remota colina y yo sigo viviendo en esta isla de rascacielos apretujados por millones de habitantes.

Conclusión: el exilio requiere disciplina y coherencia. Virtudes en las que fui educada por unos seres extraordinarios. Un padre que tenía la fuerza de un Muzio Scevola, una madre que parecía la madre de los Gracos. Además, unos seres extraordinarios para los cuales la severidad era un antibiótico contra la holgazanería. Y por disciplina, por coherencia, he permanecido callada durante todos estos años como un lobo desdeñoso. Un viejo lobo consumido por el deseo de destripar las ovejas, descuartizar los conejos, y que

15

a pesar de eso logra controlarse. Pero hay momentos de la vida en que callar se convierte en una culpa. Hablar, en una obligación. Un deber civil, un desafío moral, un imperativo categórico del cual no te puedes evadir. Así, dieciocho días después del apocalipsis de Nueva York, rompí el silencio con el larguísimo artículo que apareció en un periódico italiano. Luego, en otros extranjeros. Y ahora interrumpo (no rompo: interrumpo) el exilio con este pequeño libro que duplica el texto del artículo. Por lo tanto, es preciso que explique por qué lo duplica, cómo lo duplica, y de qué modo nació este pequeño libro.

* * *

Nació de repente. Estalló como una bomba, como la catástrofe que la mañana del 11 de septiembre incineró a millares de personas y desintegró dos de los edificios más hermosos de nuestra época: las Torres del World Trade Center. De verdad, la víspera de la catástrofe yo pensaba en otras cosas: trabajaba en la novela que llamo mi-niño. Una novela muy densa y laboriosa que a lo largo de estos años nunca he abandonado, como mucho la he dejado dormir unas semanas o algunos meses para curarme en un hospital o para efectuar en los archivos y las bibliotecas las investigaciones en que se basa. Un niño muy difícil, muy exigente, cuyo embarazo ha durado gran parte de mi vida de adulta, cuyo parto comenzó gracias a la enfermedad que acabará matándome, y cuyo primer gemido no sé cuándo se oirá. Probablemente cuando ya esté muerta. (¿Por qué no? Las obras póstumas tienen la exquisita ventaja de ahorrarte las tonterías o perfidias de quienes no sabiendo escribir ni tampoco concebir una novela pretenden juzgar, más bien maltratar, a quien la concibió y la escribió.) Ese 11 de septiembre yo pensaba en mi niño, así pues, y una vez superado el trauma, me dije: «Debo olvidar lo que ha sucedido y sucede. Debo ocuparme de él y basta. Si no, lo abortaré». Así, conteniendo el aliento, me senté al escritorio. Tomé la página del día anterior, intenté reencontrar mis personajes: criaturas de un mundo lejano, de un tiempo en que los aviones y los rascacielos no existían de veras. Pero duró muy poco. El hedor de la muerte entraba por las ventanas, de las calles desiertas llegaba el sonido obsesivo de las ambulancias. El televisor todavía encendido parpadeaba repitiendo las imágenes que quería olvidar. Y de pronto salí de casa. Busqué un taxi, no lo encontré, me dirigí a pie hacia las Torres que ya no existían y...

Después, no sabía qué hacer. De qué modo ser útil, servir de algo. Y justo cuando me preguntaba qué-hago, qué-hago, la tevé me mostró las imágenes de los palestinos que locos de alegría celebraban la masacre. Berreaban Victoria-Victoria. Y alguien me contó que en Italia mucha gente los imitaba carcajeándose Bien-los-norteamericanos-se-lo-tienen-merecido. Entonces, con el ímpetu de un soldado que sale de la trinchera y se lanza contra el enemigo, me arrojé sobre la máquina de escribir. Hice lo único que podía hacer: escribir. Notas convulsas, desordenadas, que apuntaba para mí misma, o sea dirigiéndome a mí misma. Ideas, reflexiones, recuerdos. Invectivas que volaban de Estados Unidos a Italia, de Italia saltaban a los países musulmanes, y de los países musulmanes rebotaban a Estados Unidos. Conceptos que durante años había tenido aprisionados en mi cerebro y en mi corazón diciéndome es-inútil, la-gente-está-sorda, no-escucha, no-quiere-escuchar. Ahora manaban como una cascada de agua fresca. Rodaban sobre el papel como un llanto incontenible. Y aquí permíteme confiarte una cosa que siempre he escondido. Con las lágrimas yo no lloro. Aunque me golpee un violento dolor físico, aunque me atormente una pena punzante, de mis lagrimales no sale nada. Se trata de una disfunción neurológica, o bien de una mutilación fisiológica, que me oprime desde hace más de medio siglo. Es decir, desde el 25 de septiembre de 1943, el sábado en que los Aliados bombardearon Florencia por primera vez y cometieron un montón de errores. En vez de alcanzar su objetivo, el ferrocarril que los alemanes utilizaban para transportar las municiones y las tropas, alcanzaron el barrio contiguo y el viejo cementerio de la plaza Donatello. El Cementerio de los Ingleses, donde está enterrada Elizabeth Barrett Browning. Yo estaba con mi padre en la iglesia de la Santísima Annunziata, apenas a trescientos metros de la plaza Donatello, cuando las bombas empezaron a caer. Huyendo nos refugiamos allí, y ¿quién conocía el horror de un bombardeo? A cada descarga los sólidos muros de la iglesia temblaban como árboles embestidos por un vendaval, los vitrales se rompían, el suelo vibraba, el altar se tambaleaba, el cura gritaba: «¡Jesús! ¡Ayúdanos, Jesús!». De repente comencé a llorar. Silenciosamente. Sin gimoteos, sin sollozos. Pero mi padre lo vio igualmente. Y con la intención de ayudarme, pobrecito, cometió un error. Me dio una bofetada tremenda. Dios, qué bofetada. Peor aún. Severamente me miró a los ojos y me susurró: «Una niña no llora». Así, desde aquel 25 de septiembre ya no lloro. Den gracias al cielo si alguna vez se me humedecen los ojos, me tiembla la voz. Pero por dentro lloro más que quienes lloran con lágrimas, a veces lo que escribo son puras lágrimas, y lo que escribí en aquellos días era realmente un llanto incontenible. Por los vivos, por los muertos. Por los que parecen vivos pero están muertos como los italianos, los europeos, que no tienen cojones para cambiar. Y también por mí misma, que habiendo llegado a la última etapa de mi vida tengo que explicar por qué vivo exiliada en Estados Unidos y por qué a Italia voy de incógnito.

Luego, hacía una semana que lloraba cuando el director del diario vino a Nueva York. Vino a pedirme que rompiera el silencio que ya había roto, y se lo dije. Le mostré también mis notas convulsas y desordenadas, y él se inflamó como si hubiese visto a Greta Garbo en el escenario de la Scala quitarse las gafas negras y ofrecerse en un descocado strip-tease. O como si hubiese visto al público que hace cola para comprar su diario, perdón, para acceder a la platea y a los palcos y al gallinero. Así inflamado me pidió que prosiguiera, que enlazara las diversas partes con asteriscos, que lo organizara todo como una especie de carta dirigida a él. Y espoleada por el deber civil, el desafío moral, el imperativo categórico, acepté. Desatendiendo de nuevo al niño que privado de leche y de madre dormía bajo aquellas notas convulsas y desordenadas, regresé a la máquina de escribir donde el incontenible llanto se transformó en un grito de rabia y de orgullo. Un

«*J'accuse*». *Una requisitoria o más bien un sermón dirigido a los italianos y a los demás europeos que arrojándome algunas flores, acaso, y sin duda muchos huevos podridos, me habrían escuchado desde la platea y los palcos y el gallinero.*

Trabajé todavía un par de semanas. Sin parar, sin comer, sin dormir. No sentía ni siquiera el hambre, no sentía ni siquiera el sueño. Me sustentaba sólo con cigarrillos y café. Y aquí debo hacer una puntualización tan esencial como la de las lágrimas. Debo aclarar que para mí escribir es algo muy serio. No es una diversión o un entretenimiento o un desahogo o un alivio. No lo es porque nunca olvido que las palabras escritas pueden hacer un gran bien pero también un gran mal, pueden curar pero también matar. Estudia la Historia y verás que detrás de cada manifestación del Bien o del Mal hay un escrito. Un libro, un artículo, un manifiesto, un poema, una oración, una canción. (Una Biblia, una Torah, un Corán, un «Das Kapital». O una Marsellesa, un Himno de Mameli, un Yankee Doodle Dandy.) En consecuencia, nunca escribo con rapidez, de un tirón. Soy un escritor lento, un escritor prudente. Soy también un escritor siempre descontento, siempre insatisfecho. No me parezco, no, a los escritores que siempre se contentan con su producción como una gallina que ha puesto el huevo, que se regocijan como si hubiesen meado ambrosía o colonia. *Además tengo muchas manías. Estoy obsesionada por la métrica, por el ritmo de la frase, la cadencia de la página, el sonido de las palabras. Y cuidado con las asonancias, las rimas, las repeticiones indeseadas: la forma me interesa tanto como la sustancia. Creo que la forma es un recipiente dentro del cual la sustancia se acomoda como un líquido dentro de un vaso, y administrar esta simbiosis a veces me bloquea. Esta vez, en cambio, no me bloqueaba. Escribía deprisa, de corrido, sin ocuparme de asonancias, rimas, repeticiones, pues el ritmo surgía espontáneamente. Y como nunca siendo consciente de que mi responsabilidad, como nunca siendo consciente de que escribir puede curar o matar. (¿Llega a tanto la pasión?) El problema es que cuando terminé y estuve a punto para enviar el texto, comprendí que en lugar de un artículo había escrito un pequeño libro. Para darlo al diario tenía que cortarlo, reducirlo a una extensión aceptable.*

Lo reduje casi a la mitad. El resto lo metí en un cajón y lo dejé durmiendo con el niño. Metros y metros de papel en los que había puesto el alma. El capítulo de los dos Budas destruidos en Bāmiyān, por ejemplo, o sobre mi Kondun. (El Dalai Lama.) El de las tres mujeres ajusticiadas en Kabul porque iban a la peluquería y sobre las feministas a las que no les impor-

22

tan las mujeres con el burkah o el chador. El de Ali Bhutto obligado a casarse antes de cumplir los trece años, y el del rey Hussein, al cual explico de qué modo me trataron los palestinos durante un bombardeo israelí. El de los comunistas italianos que durante medio siglo me han tratado peor que los palestinos, y el del Cavaliere que gobierna Italia. El de la libertad entendida como licencia, de los deberes desarzonados por los derechos, de los moluscos sin conocimiento. (O sea, nuestros jóvenes deteriorados por el bienestar, por la escuela, por sus familias, por una sociedad que ni siquiera es capaz de conjugar los verbos e hilar la concordancia de los tiempos.) El de los chaqueteros de ayer, de hoy, de siempre... Corté también los párrafos sobre Jimmy Grillo, el bombero que no se rinde, y sobre Bobby: el niño neoyorquino que cree en la bondad y en el coraje. No obstante, el texto seguía siendo igualmente largo. El director inflamado intentó ayudarme. Las dos páginas enteras que me había reservado en el diario se convirtieron en tres, luego en cuatro, luego en cuatro y un cuarto. Una extensión nunca concedida, creo, a un único artículo. Con la esperanza de que se lo diese completo, supongo, me propuso también publicarlo en dos entregas. Cosa que rechacé porque un grito no puede publicarse en dos entregas. Publicándolo en dos entregas no hubiera conseguido lo que esperaba: abrir

23

(o intentar abrir) los ojos de quien no quiere ver, desta-
par las orejas de quien no quiere oír, inducir a pensar
a quien no quiere pensar. Además, antes de transmitir-
lo quité los párrafos demasiado violentos. Simplifiqué
los pasajes demasiado complicados. (Para hacerte en-
tender tienes que adaptarte un poco, ¿verdad?) Y en el
cajón guardé los metros y metros de papeles intactos. El
texto completo. El pequeño libro.

Bien: las páginas que siguen a este prólogo son el
pequeño libro, el texto completo que escribí en las dos
semanas durante las cuales no comía, no dormía, aguan-
taba despierta con café y cigarrillos, y las palabras bro-
taban como una cascada de agua fresca. Correcciones
hay pocas. (Por ejemplo, las quince mil seiscientas se-
tenta liras con las cuales a los catorce años fui licencia-
da por el Ejército italiano y que en el diario había erró-
neamente indicado con la cifra de catorce mil quinientas
cuarenta: mil ciento treinta liras menos.) En cuanto
a los cortes, esta vez son mínimos. Tienen solamente
que ver con cosas sin ninguna importancia para mí.
Por ejemplo, el nombre del diario al que yo beneficié
y el nombre del director con el cual (como se verá pron-
to) ya no me hablo. Sic transit gloria mundi. Expre-
sión latina que significa: así pasa la gloria del mundo.

* * *

No sé si algún día el pequeño libro crecerá. En esta edición española a la que me he dedicado ocupándome de la traducción y añadiendo aquí y allá algunas páginas, algunas frases, algunas ideas, algunas invectivas, ya ha crecido. Pero sé que al publicarlo, incluso traducido, me siento ser, o mejor me parece ser Gaetano Salvemini que el 7 de mayo de 1933 habla en el Irving Plaza contra Hitler y Mussolini. Iluminado por el amor a la libertad se desgañita ante un público que no lo comprende (pero lo comprenderá en 1941 cuando, el 7 de diciembre, los japoneses aliados de Hitler y Mussolini bombardean Pearl Harbor) y vocifera: «¡Si se quedan inertes, si no nos echan una mano, antes o después los atacarán también a ustedes!». Con todo, hay una diferencia entre el pequeño libro y el antifascist-meeting del Irving Plaza: sobre Hitler y Mussolini, en aquel tiempo, los norteamericanos sabían poco. Podían pues permitirse el lujo de no creer demasiado en Salvemini que vaticinaba desgracias. Sobre el fundamentalismo islámico, por el contrario, hoy lo sabemos todo. En otras palabras, para nosotros el futuro ha empezado ya. Apenas dos meses después del apocalipsis de Nueva York, el mismo Bin Laden demostró que no me equivoco cuando les grito: «No entienden, no quieren entender, que una Cruza-

da al Revés está en marcha. *Una guerra de religión que ellos llaman Yihad, Guerra Santa. No entienden, no quieren entender, que para los musulmanes Occidente es un mundo que hay que conquistar castigar someter al Islam».* Lo demostró con el discurso televisivo durante el cual ostentaba el anillo con la piedra negra como la piedra de La Meca. El discurso durante el cual amenazó también a la ONU y calificó a su Secretario General de «criminal». El discurso que incluía a los italianos y los franceses y los ingleses entre los enemigos a castigar. El discurso donde faltaba solamente la voz histérica de Hitler o aquella grosera de Mussolini, el balcón del Palacio Venecia o el escenario de Alexanderplatz. *«En su esencia la nuestra es una guerra de religión y quien lo niega, miente»,* dijo. *«Todos los árabes y todos los musulmanes deben tomar partido: si se mantienen neutrales reniegan del Islam»,* dijo. *«Los líderes árabes y musulmanes que están en las Naciones Unidas se sitúan fuera del Islam, son Infieles que no respetan el mensaje del Profeta»,* dijo. *«Aquellos que se refieren a la legitimidad de las instituciones internacionales renuncian a la única y auténtica legitimidad: la legitimidad que procede del Corán»,* dijo. Y luego: *«La gran mayoría de musulmanes del mundo se ha alegrado de los atentados contra las Torres Gemelas. Lo demuestran los sondeos».*

26

¿Había, sin embargo, necesidad de tener esta prueba? De Afganistán a Sudán, de Indonesia a Pakistán, de Malasia a Irán, de Egipto a Irak, de Argelia a Senegal, de Siria a Kenia, de Libia al Chad, del Líbano a Marruecos, de Palestina a Yemen, de Arabia Saudí a Somalia, el odio por Occidente crece a ojos vista. Se agiganta como un fuego alimentado por el viento, y los secuaces del Fundamentalismo Islámico se multiplican como los protozoos de una célula que se divide para transformarse en dos células, luego en cuatro, luego en ocho, luego en dieciséis, luego en treinta y dos, y así hasta el infinito. Para comprenderlo basta mirar las imágenes que encontramos cada día en la televisión. Las multitudes que abarrotan las calles de Islāmābād, las plazas de Nairobi, las mezquitas de Teherán. Los rostros enfurecidos, los puños amenazadores, las pancartas con el retrato de Bin Laden, las hogueras que queman la bandera norteamericana y el monigote con los rasgos de George Bush. Quien en Occidente cierra los ojos, quien escucha los hosannas al Dios-misericordioso-e-iracundo, los berridos Allah-akbar, Allah-akbar. Yihad-Guerra Santa-Yihad. ¿Simples grupos de extremistas? ¡¿Simples minorías de fanáticos?! Son millones y millones, los fanáticos. Son millones y millones, los extremistas. Esos millones y millones para los que Osama bin Laden es, vivo o muerto,

una leyenda comparable a la leyenda de Jomeini. Esos millones y millones que, desaparecido Jomeini, se reconocen en el nuevo líder, el nuevo héroe. Hace unas cuantas noches vi a los de Nairobi. (Lugar del que nunca se habla.) Abarrotaban la plaza del mercado más que en Gaza o Islāmābād o Jakarta, y un reportero de televisión preguntó a un viejo: «Who is for you, quién es para usted, Bin Laden?». «A hero, our hero! ¡Un héroe, nuestro héroe!», respondió el viejo, feliz. «And if he dies?, ¿y si muere?», añadió el reportero. «We find another one, encontraremos a otro», respondió el viejo, igualmente feliz. En otras palabras, el hombre que los guía cada vez no es más que la parte visible del iceberg, la cumbre de la montaña que emerge de las profundidades sumergidas del océano. Y el verdadero protagonista de esta guerra no es Osama bin Laden. No es la parte visible del iceberg, la cumbre de la montaña: es la Montaña. Esa Montaña que no se mueve desde hace mil cuatrocientos años, desde hace mil cuatrocientos años no sale de las profundidades de su ceguera, no abre las puertas a las conquistas realizadas por la civilización, no quiere saber nada de libertad ni de justicia ni de democracia ni de progreso. Esa Montaña que a pesar de las escandalosas riquezas de sus amos (acordémonos de Arabia Saudí), vive aún en una miseria medieval, vegeta aún en el oscurantismo y el

puritanismo de una religión que produce solamente re-
ligión. Esa Montaña que se ahoga en el analfabetismo
(los países musulmanes tienen una tasa de analfabetis-
mo que oscila entre el sesenta y el ochenta por ciento)
y toma las noticias de las viñetas realizadas por dibu-
jantes vendidos a la dictadura de los mullahs. Esa Mon-
taña que estando secretamente celosa de nosotros, secre-
tamente seducida por nuestro sistema de vida, culpa
a Occidente de las pobrezas materiales y espirituales
del mundo islámico. La retrogradación del mundo is-
lámico. Se equivocan, pues, los optimistas que creen
que la Guerra Santa concluyó en noviembre de 2001
con la derrota del régimen Talibán en Afganistán. Se
equivocan cuando se alegran porque algunas mujeres
de Kabul se quitan el burkah, muestran el rostro des-
cubierto, osan ir de nuevo al médico, a la escuela, a la
peluquería. Se equivocan al regocijarse viendo que tras
la derrota de los Talibanes sus maridos se recortan o se
afeitan la barba como, tras la caída de Mussolini, los
italianos se quitaban el distintivo fascista.

Se equivocan, porque la barba vuelve a crecer y
el burkah se vuelve a poner. En los últimos veinte años
Afganistán ha sido una sucesión de barbas rasuradas y
vueltas a crecer, de burkahs quitados y vueltos a poner.
Se equivocan porque los vencedores o presuntos vence-
dores de ahora rezan a Alá como los derrotados de aho-

29

ra, y los derrotados de ahora se diferencian solamente por una cuestión de barba. (En efecto, las mujeres les temen como a los otros.) Además, los actuales vencedores confraternizan con los actuales vencidos, por unos pocos dólares los ponen en libertad, y al mismo tiempo se pelean entre ellos, alimentan el caos y la anarquía. Sobre todo, esos optimistas se equivocan porque entre los diecinueve kamikazes de Nueva York y de Washington no había un solo afgano y los futuros kamikazes tienen otros lugares donde entrenarse, otras cuevas donde refugiarse. Mira bien el mapa. Al sur de Afganistán está Pakistán, al norte se hallan los Estados musulmanes de la ex Unión Soviética, al oeste Irán. Junto a Irán está Irak, junto a Irak está Siria, junto a Siria está el Líbano ahora completamente musulmán. Junto al Líbano está la musulmana Jordania, junto a Jordania está la ultramusulmana Arabia Saudí, y al otro lado del mar Rojo está el continente africano con todos sus países musulmanes. Su Egipto y su Libia y su Somalia, para empezar. Sus viejos y sus jóvenes que aplauden la Guerra Santa. Por lo demás, el enfrentamiento entre nosotros y ellos no es militar. Es cultural, intelectual, religioso, y nuestras victorias militares no solucionan la ofensiva de beligerancia islámica. Al contrario, la estimulan. La exacerban, la multiplican. Lo peor para nosotros está todavía por llegar.

He aquí la verdad. Y la verdad no se coloca necesariamente en el medio. A veces está sólo en un lado. Salvemini también lo dijo en aquel antifascist-meeting del Irving Plaza el 7 de mayo de 1933.

* * *

A pesar de las semejanzas de fondo, hay otra diferencia entre este pequeño libro y el antifascist-meeting del Irving Plaza. Porque los norteamericanos que el 7 de mayo de 1933 escuchaban al incomprendido Salvemini (incomprendido igual que ahora yo) no tenían en su propio país a las SS de Hitler o a los Camisas Negras de Mussolini. Para distraerlos de la realidad, para nutrir su escepticismo, había en medio un océano de agua y de aislacionismo. A los SS y los Camisas Negras de los Bin Laden, en cambio, los italianos y los otros europeos los tienen en sus ciudades, en sus campos, en sus escuelas, en sus oficinas. En su vida cotidiana, en sus patrias. Estos nuevos SS, estos nuevos Camisas Negras están por todas partes. Protegidos por el cinismo, el oportunismo, el cálculo, la estupidez de quienes nos los presentan como si fueran tibias de santos. Pobrecitos-pobrecitos, mira-qué-pena-dan-cuando-desembarcan-de-las-balsas. Racista-racista, tú-que-no-los-soportas. ¡Por Dios! Como di-

go en el texto que sigue, las mezquitas que en toda Europa florecen a la sombra de nuestro (su) olvidado laicismo y de nuestro (su) pacifismo hipócrita y desubicado, están llenas de terroristas o futuros terroristas. No por azar, después de los atentados de Nueva York, algunos tibias de santos han sido detenidos. Algunos arsenales de armas y explosivos del dios-misericordioso-e-iracundo han sido encontrados. Con la colaboración de la policía española, inglesa, francesa y alemana (a su vez bastante tímidas), algunas células de Al-Qaeda han sido descubiertas. Y ahora se sabe que desde 1989 el FBI hablaba de Pista Italiana, mejor dicho, de Italian Militants. Se sabe que ya en 1989 la mezquita de Milán estaba considerada una guarida de terroristas. Se sabe que el argelino-milanés Ahmed Ressan fue sorprendido en Seattle con sesenta kilos de sustancias químicas para fabricar explosivos. Se sabe que otros dos «milaneses» llamados Atmani Saif y Fateh Kamel estaban implicados en el atentado del Metro de París, que desde Milán los tibias de santos se dirigían con frecuencia a Canadá. (Sorpresa, sorpresa: dos de los diecinueve secuestradores del 11 de septiembre de 2001 habían entrado en Estados Unidos por Canadá.) Se sabe además que Milán y Turín han sido siempre centros de operaciones y reclutamiento de extremistas islámicos, incluidos los *kurdos. (Detalle que renueva el escándalo de Ocalan: el súper terrorista kurdo traído a Italia por un parlamentario comunista y hospedado por el gobierno de izquierdas en una elegantísima villa en las afueras de Roma.) Se sabe, se descubre, que los mayores epicentros del terrorismo islámico internacional han sido siempre Milán, Turín, Roma, Nápoles, Bolonia. Se sabe, se descubre, que Como y Lodi y Cremona y Reggio Emilia y Modena y Florencia y Perugia y Trieste y Ravenna y Rimini y Trani y Bari y Barletta y Catania y Palermo y Messina, han tenido siempre cuevas binladenianas. Se habla de redes operativas, de bases logísticas, de células para el tráfico de armas, de Estructura-Italiana-para-la-Estrategia-Internacional-Homogénea. (¡Por Dios! Alguien debería contarme, un día, lo que pasaba entre tanto en España, en Francia, en Alemania, en Inglaterra, en Holanda, en Escandinavia, etcétera.) Se constata que los terroristas más peligrosos suelen estar en posesión de pasaportes reglamentarios y renovados por las autoridades europeas, de carnés de identidad y permisos de residencia expedidos con gran generosidad por los ministros europeos del Interior o de Asuntos Exteriores...*

Se conocen hasta los lugares de sus encuentros, ahora. Y no son los salones de las heroicas condesas del Risorgimento, los magníficos palacios donde desafiando los pelotones de ejecución o la horca nuestros abuelos conspiraban para liberar la patria del enemigo. Son las carnicerías Halal, es decir, las carnicerías islámicas de las que nuestros huéspedes musulmanes han llenado Italia porque ellos comen sólo carne de animal degollado y desangrado y deshuesado. (Así, quien como nosotros cocina la carne con la sangre y el hueso es un Infiel digno de desprecio y merecedor de castigo.) Pero se encuentran también en las pollerías árabes y en los cafés Internet y, obviamente, en las mezquitas. En cuanto a los imanes de las mezquitas, ¡aleluya! Enorgullecidos por la matanza de Nueva York se quitaron la máscara, y el elenco es largo. Incluye al carnicero marroquí que, con miserable deferencia, los periodistas italianos llaman Líder Religioso de la Comunidad Islámica de Turín. El pío Descuartizaterneros que en el año 1989 aterrizó en Turín con un visado turístico y que, contribuyendo como nadie a transformar la ciudad de Cavour y de Costanza d'Azeglio en una kasbah, en doce años abrió tres carnicerías-halal y cinco mezquitas. El Feroz Saladino que levantando la imagen de Osama bin Laden declara: «La Yihad es una guerra justa, justificada. No lo digo yo, lo dice el Corán. Muchos hermanos de Turín desearían partir para unirse a la lucha». (Señor Ministro Italiano del Interior o Señor Ministro Italiano de Asuntos Exteriores, ¿por qué no los reexpiden a su

Marruecos con los hermanos ansiosos-de-unirse-a-la-lucha?) Incluye también al Imán que dirige la Comunidad Islámica de Génova (otra gloriosa ciudad profanada y transformada en kasbah), así como a sus colegas de Nápoles y Roma y Bari y Bolonia. Todos tibias de santos ocupados en alabar al nuevo profeta Bin Laden y en defenderlo impúdicamente. Pero el más impúdico de todos es el Imán de Bolonia, cuya mente excelsa ha producido el siguiente veredicto: «Fue la derecha norteamericana la que abatió las dos Torres Gemelas y ahora utiliza a Bin Laden como tapadera. Si no fue la derecha norteamericana, fue Israel. En cualquier caso, Bin Laden es inocente y el peligro no es Bin Laden: es Estados Unidos».

Parece un cretino y basta, ¿verdad? Ah, no. En defensa de la fe, el Corán admite la mentira y la calumnia y la hipocresía. Cualquier teólogo del Islam te lo confirmará. El 10 de septiembre de 2001, es decir, veinticuatro horas antes del apocalipsis neoyorquino, precisamente en la mezquita de Bolonia la policía secuestró una octavilla que ensalzaba los atentados y anunciaba «la inminencia de un acontecimiento excepcional». Casi siempre hijos o nietos de comunistas que negaban o aprobaban las purgas de Stalin, sus protectores italianos sostienen que en la jerarquía islámica el Imán es un personaje inocuo e irrelevante: un pelele que se limita a guiar la oración de los viernes. Un párroco desprovisto de todo poder. Ah, no, señores: al contrario. El Imán es un notable que dirige y administra su comunidad con plenos poderes. Pío Descuartizaterneros o no, Feroz Saladino o no, el Imán es un importante sacerdote que influye o manipula cuanto quiere las mentes y las acciones de sus fieles. Un provocador que durante el sermón lanza mensajes políticos, empuja a sus fieles a cumplir una cosa u otra. Todas las revoluciones (sic) del Islam han germinado en las mezquitas gracias a los imanes. La Revolución (sic) Iraní comenzó en las mezquitas gracias a los imanes y no en las universidades como hoy se cuenta a la gente. Detrás de cada terrorista islámico hay necesariamente un imán. Y te recuerdo que Jomeini era un imán, que los líderes del Irán son imanes. Te lo recuerdo y afirmo que la mayoría de los imanes son Guías Espirituales del terrorismo.

En cuanto al Pearl Harbor que amenaza a todo Occidente, mira: sobre el hecho de que la guerra química y la guerra biológica son una estrategia de los nuevos nazi-fascistas de la Tierra, no hay duda alguna. Durante los bombardeos de Kabul un belicoso Bin Laden nos las prometió, y es notorio que Saddam Hussein ha sentido siempre una gran debilidad por ese tipo de matanza. A pesar de las toneladas de bombas que en 1991 los norteamericanos lanzaron con-

tra los laboratorios y fábricas de Irak, Saddam con-
tinúa su producción de gérmenes y bacterias y baci-
los para esparcir la peste bubónica o la viruela o la
lepra o el tifus. Por lo demás, el yerno que Saddam
Hussein hizo asesinar en 1999 lo había dicho en
1998: «En las proximidades de Bagdad tenemos enor-
mes depósitos de ántrax». Junto a los enormes depó-
sitos de ántrax, inmensas cantidades de gas nervino.
(Una pesadilla, el gas nervino, que yo viví de lleno
durante la Guerra del Golfo. Es decir, en Arabia Sau-
dí, y que los iraníes pagaron en los años ochenta con
millares de muertos: ¿recuerdas?) Bien: hasta hoy la
guerra química sigue siendo una posibilidad y nada
más. La guerra biológica se ha limitado al carbunco
de las Anthrax Letters, y la responsabilidad de Saddam
Hussein o de Bin Laden no se ha demostrado. Pero el
Pearl Harbor del que hablo incluye también un pe-
ligro que nos hace contener el aliento desde que el FBI
lo notificó con las tremendas palabras «It is not a mat-
ter of If, it is a matter of When. No es una cuestión
de Si, es una cuestión de Cuándo». Un peligro para
mí más siniestro que el ántrax y la peste bubónica y
la lepra y el gas nervino, y que amenaza a Europa
más que a Estados Unidos. Porque se refiere a los mo-
numentos antiguos, a las obras de arte, a los tesoros
de nuestra Historia y de nuestra cultura occidental.

Al decir when-not-if, cuándo-no-si, los norteamericanos piensan en sus propios tesoros: obvio. La Estatua de la Libertad, el Jefferson Memorial, el obelisco de Washington, la Liberty Bell, o sea la Campana de Filadelfia, el Golden Gate de San Francisco, el Puente de Brooklyn, etcétera. Y los comprendo. Por lo demás, yo también pienso en todo eso. Pienso en esos tesoros como pensaría en el Big Ben de Londres o en la Abadía de Westminster si fuese inglesa, en Notre Dame y en el Louvre y la Torre Eiffel, y los Castillos del Loira si fuese francesa, en la Catedral de Burgos y en El Escorial y en el Museo del Prado si fuese española. Pero soy italiana y pienso más en la Capilla Sixtina y en la Cúpula de San Pedro y en el Coliseo, en el Puente de los Suspiros y en la Plaza de San Marcos y en los palacios del Gran Canal, en la Catedral de Milán y en la Pinacoteca de Brera y en el Códice Atlántico de Leonardo da Vinci. Soy toscana y pienso más aún en la Torre de Pisa y en la Plaza de los Milagros, en la Catedral de Siena y en la Plaza del Campo, en las necrópolis etruscas y en las torres de San Gimignano. Soy florentina y pienso mucho más en la Catedral de Santa María del Fiore, en el Baptisterio, en la Torre de Giotto, en el Palacio de la Señoría, en el Palacio Pitti, en la Galería de los Uffizi, en el Ponte Vecchio que es el único puente antiguo que tenemos en Florencia porque el puente de

Santa Trinita es una reconstrucción: el abuelo de Bin Laden, o sea Hitler lo destruyó en 1944 con los otros. Pienso también en las bibliotecas centenarias donde conservamos los manuscritos iluminados de la Edad Media y el Códice Virgiliano. Pienso también en la Galería de la Academia con el David de Michelangelo. (Un David escandalosamente desnudo, Dios mío, luego especialmente mal visto por los fieles del Corán.) Con el David, los cuatro «Prigioni» y el Descendimiento que Michelangelo esculpió de viejo. Y si los jodidos hijos de Alá me destruyeran uno solo de estos tesoros, uno sólo, sería yo quien se convertiría en una asesina. Así que escúchenme bien, secuaces de un dios que predica el ojo-por-ojo-y-diente-por-diente: yo no tengo veinte años pero nací en la guerra, en la guerra crecí, en la guerra he vivido la mayor parte de mi existencia. De guerra entiendo, y tengo más cojones que ustedes: cobardes acostumbrados a morir matando millares de inocentes, niñas de cuatro años incluidas. Óiganme bien porque, aunque he hablado de colisión cultural intelectual religiosa y no militar, ahora les digo: guerra han querido, ¿guerra quieren? Por lo que me concierne, que guerra sea. Hasta el último aliento.

* * *

Dulcis in fundo. Esta vez con una sonrisa. Y es inútil añadir que en ciertos casos la sonrisa, como la risa, esconde algo muy diferente. Ya adulta descubrí que durante las torturas infligidas por los nazi-fascistas mi padre reía. Así un día, mientras caminábamos por los bosques del Chianti, le dije: «Padre, ¿es verdad que durante las torturas te reías?». Mi padre se ensombreció y después murmuró con tristeza: «Hija mía... En algunos casos reír es lo mismo que llorar». Apenas informado de que el artículo se estaba convirtiendo en un libro, el profesor Howard Gotlieb de la Boston University, la universidad norteamericana que desde hace décadas recoge y cuida mi trabajo, me llamó y me preguntó: «How we define "The Rage and the Pride?", ¿cómo definiremos "La rabia y el orgullo"?». «I don't know, no lo sé», respondí explicándole que esta vez no se trataría de una novela ni de un reportaje y tampoco de un ensayo o de unas memorias o de un panfleto. Luego lo volví a pensar y le dije: «A sermon. Un sermón». (Definición adecuada, creo, porque en realidad este pequeño libro es lo que el artículo ya era: un sermón dirigido a los italianos y a los otros europeos. Debía ser una carta sobre la guerra que los hijos de Alá han declarado a Occidente, pero poco a poco se convirtió en un sermón para los italianos y los otros europeos.) Ayer el profesor Gotlieb me llamó de nuevo, y me preguntó: «How do you expect the Italians, the Europeans, to take it? ¿Cómo espera que lo tomen los italianos, los europeos?». «I don't know, no lo sé», respondí. «Un sermón se juzga por los resultados, no por los aplausos o los silbidos que recibe. Y antes de ver los resultados del mío tendrá que pasar mucho tiempo. No se puede despertar de repente y con un pequeño libro escrito en pocas semanas a quien duerme como un oso en letargo. No sé tampoco si el oso despertará, profesor Gotlieb. De veras no lo sé...»

En compensación sé que cuando se publicó el artículo, en cuatro horas el diario agotó un millón de ejemplares y ocurrieron episodios conmovedores. Por ejemplo, el del señor que en Roma compró todos los ejemplares de un quiosco (treinta y seis ejemplares) y los repartió por la calle. O el de la señora que en Milán hizo docenas de fotocopias y las distribuyó del mismo modo. Sé también que millares de italianos escribieron al director para darme las gracias. (Y yo se las doy a ellos y también al señor de Roma y a la señora de Milán.) Sé que los teléfonos y el correo electrónico de la redacción estuvieron congestionados durante tres días, y que sólo una minoría de lectores estuvo en desacuerdo conmigo. Cosa que no se deduce de las opiniones que el director escogió y publicó bajo el título «E Italia se dividió bajo el signo de Oriana». Bah... Si el recuento de los votos no es una opinión, querido mío, y si el voto de quien está en contra de mí no vale diez veces el voto de quien está conmigo, me parece verdaderamente injusto decir que yo dividí a Italia en dos. Además, mi país no necesita ninguna Oriana para dividirse en dos: está dividido en dos al menos desde la época de los güelfos y los gibelinos. Piensa que en 1861, cuando proclamada la Unidad de Italia los garibaldinos de los cuales he hablado al comienzo de este prólogo vinieron aquí para participar en la Guerra de Secesión norteamericana, incluso ellos se dividieron en dos. Porque no todos eligieron combatir en las unidades de los nordistas: no. La mitad eligió combatir al lado de los sudistas, y en lugar de reunirse en Nueva York se trasladaron a Nueva Orleans. En lugar de enrolarse en los Garibaldi Guards, o sea en el Trigésimo Noveno Regimiento de Infantería que desfiló ante Lincoln, se enrolaron en los Garibaldi Guards del Italian Battalion-Louisiana Militia que en 1862 se convirtió en el Sexto Regimiento de Infantería de la European Brigade. También ellos, fíjate bien, con una bandera tricolor que había pertenecido a Garibaldi y que llevaba la inscripción: «Vincere o Morire». También ellos, fíjate bien, para distinguirse con heroísmo en First Bull Run, Cross Keys, North Anna, Bristoe Station, Po River, Mine Run, Spotsylvania, Wilderness, Cold Harbor, Strawberry Plain, Petersburg, y así hasta Appo-

mattox. ¿Y sabes qué sucedió en 1863 en la tremenda batalla de Gettysburg donde, entre nordistas y sudistas, murieron cincuenta y cuatro mil hombres? Sucedió que la tarde del 2 de julio los trescientos sesenta y cinco Garibaldi Guards del Trigésimo Noveno Regimiento de Infantería a las órdenes del general nordista Hancock se encontraron frente a frente con los trescientos sesenta Garibaldi Guards del Sexto Regimiento de Infantería a las órdenes del general sudista Early. Los primeros con el uniforme azul, los segundos con el uniforme gris. Ambos con la bandera tricolor que, con la divisa «Vincere o Morire», había ondeado en Italia para hacer la Unidad de Italia. Los unos gritando puerco-sudista, los otros aullando sucio-nordista, se lanzaron a un furioso cuerpo a cuerpo para tomar la colina llamada Cemetery Hill, y se mataron los unos a los otros. Noventa y cinco muertos entre los garibaldinos del Trigésimo Noveno. Sesenta, entre los garibaldinos del Sexto. Y al día siguiente, durante el ataque final que ocurrió en medio del valle, casi el doble. Todo eso, querido mío, sin haber leído ningún artículo de Fallaci. Es decir, sin que yo tuviese ninguna culpa.

Sé también que entre aquellos cuyo voto vale (parece) diez veces más, o sea la parte de los que se expresaron contra mí, un malintencionado escribió: «Fallaci se hace la valiente porque tiene un pie en la tumba».

43

(Respuesta: no, pobre idiota. No. Yo no me hago la valiente. Yo soy valiente. En la paz y en la guerra, con la derecha y con la izquierda. Yo siempre lo he sido. Y siempre he pagado un altísimo precio por eso. Cosa que incluye amenazas físicas y morales, vilezas, canalladas de los celosos. Si me lees mejor, lo verás. En cuanto al pie en la tumba, toco madera. No gozo de buena salud, es verdad, pero los enfermizos como yo acaban muchas veces por enterrar a los otros. No olvides que un día salí viva de una morgue donde me habían tirado creyéndome muerta... Si uno de esos tibias de santos no me mata antes de que lo mate yo, ¿quieres apostar que iré a tu funeral?) En fin, sé que tras publicarse el artículo la Italia fea, la Italia mezquina, la Italia que se vende al extranjero del turbante, la Italia a causa de la cual sigo viviendo en el exilio, armó un gran revuelo a favor de los hijos de Alá. De modo que el director inflamado se convirtió en un director espantado, lleno de espanto tomó sus medidas invitando a los que yo llamo cigarras a escribir contra mí en su diario, a denigrar la fatiga que él mismo había alentado. Y lo que hubiera podido ser una buena ocasión para defender nuestra cultura se transformó en una escuálida feria de escuálidas vanidades. Un mercado de exhibicionismos desoladores, de oportunismos repugnantes: yo-también, yo-también... Como sombras de

un pasado que nunca muere, izaron la bandera del supuesto pacifismo. *Levantaron de nuevo el Muro de Berlín, y encendieron un gran fuego para quemar (o tratar de quemar) a la hereje, y: «¡A la hoguera, a la hoguera! Allah-akbar!, Allah-akbar!». Con la hoguera, las ofensas y las maldiciones y las condenas y los maratones de escritos que (al menos en extensión) intentaban imitar el mío. O así me lo contaron los que, pobrecitos, se tomaron la molestia de leerlos. Yo, debo confesarlo, no los he leído. Ni los leeré. Primero, porque me esperaba la algazara y sabía sobre qué los yo-también, yo-también habrían divagado. No sentía, en suma, ninguna curiosidad. Segundo, porque cuando terminé el artículo advertí al director entonces inflamado que no participaría en reyertas o polémicas vanas. Tercero, porque las Cigarras son invariablemente personas sin ideas ni calidad: frívolas sanguijuelas que para alimentar su vanidad se adhieren a la sombra de quien está al sol. Y cuando chirrían en la prensa aburren mortalmente. (El hermano mayor de mi padre era Bruno Fallaci. Un gran periodista. Detestaba a los periodistas, cuando yo trabajaba para los diarios me reprochaba siempre ejercer de periodista y me perdonaba solamente cuando trabajaba como reportero de guerra. Pero era un gran periodista. Además era un gran director, un verdadero maestro, y enumerando las reglas del periodismo vociferaba: «¡Ante todo, no aburrir al lector!». Las cigarras, al contrario, aburren mortalmente.) Por último, porque yo llevo una vida muy severa e intelectualmente rica. En este tipo de vida no hay lugar para los mensajeros de poquedad y de frivolidad, y para mantenerlos a distancia sigo el consejo de mi célebre compatriota: el superexiliado Dante Alighieri. «No te cuides de ellos, sino mira y pasa.» Mejor: mientras paso, tampoco los miro.*

Pero hay una cigarra a la que me divierte responder. Una de la cual ignoro el sexo y la identidad y que, me han dicho, para contradecir mi desprecio por la cultura islámica me acusa de dos crímenes: no conocer «Las mil y una noches» y negar a los árabes el mérito de haber definido el concepto de Cero. Ah, no: incauto Señor o Señora o Mitad y Mitad o lo que sea. Yo soy una apasionada de la matemática y el concepto de Cero lo conozco bastante bien. Piense que en mi «Insciallah», novela construida sobre la fórmula de Boltzmann (la que dice Entropía-igual-a-la-Constante-de-Boltzmann-multiplicada-por-el-logaritmo-natural-de-las-probabilidades-de-distribución), sobre el concepto de Cero fabrico la escena en la cual el sargento mata a Passepartout. Más aún: la fabrico sirviéndome del problema más diabólico que acerca de tal concepto la Normale de Pisa haya nunca impuesto a sus alumnos: «De-

cir por qué Uno es más que Cero» (tan diabólico que necesita resolverlo por el absurdo). Bien: afirmando que el concepto de Cero se debe a la cultura islámica, usted se refiere seguramente al matemático árabe Muhammad ibn Musa al-Khwārizmî que en 810 d.C. introdujo en los países mediterráneos la numeración decimal con el recurso del Cero. *Pero se equivoca.* Pues, en su obra, Muhammad ibn Musa al-Khwārizmî declara que la numeración decimal con el recurso del Cero no es cosa suya: el concepto de Cero fue enunciado en el año 628 d.C. por el matemático indio Brahmagupta, autor del tratado de astronomía «Brama-Sphuta-Siddhanta». Según algunos, es verdad, Brahmagupta lo enunció después de los mayas. Ya dos siglos antes, dicen, los mayas indicaban el nacimiento del Universo con el Año Cero, el primer día de cada mes lo indicaban con el signo de Cero, y en los cálculos donde faltaba un número rellenaban el vacío con el Cero. *De acuerdo.* El hecho es que, para llenar aquel vacío, los mayas ni siquiera usaban el punto que hubieran usado los griegos: esculpían o dibujaban un hombrecito con la cabeza vuelta hacia atrás. Este hombrecito, incauto Señor o Señora o Mitad y Mitad o lo que sea, es fuente de muchas dudas. Y, a costa de afligirla, concluyo que en la historia de la matemática noventa y nueve de cada cien estudiosos atribuyen a Brahmagupta la paternidad del Cero.

*En cuanto a «Las mil y una noches», me pregun-
to qué calumniador te ha contado que no conozco esa
delicia. Sabes, cuando era niña dormía en el Cuarto
de los Libros. Definición que mis amados y pobres progenitores daban a un saloncito abarrotado de libros com-
prados a plazos. En los anaqueles situados sobre el
minúsculo sofá que yo llamaba mi-cama había un gran
volumen con una dama vestida de árabe que me son-
reía bajo el título. Una noche lo tomé y... Mi madre
no quería. Apenas se dio cuenta de que lo estaba leyen-
do, me lo quitó de las manos. «¡Ese no es un libro para niños!» Luego me lo devolvió. «Lee, lee. No importa.» Así, «Las mil y una noches» llegaron a ser los cuentos
de mi infancia y desde entonces forman parte de mi
patrimonio libresco. Puedes encontrarlas en mi casa de
Florencia, en mi casa de campo en Toscana, en mi casa de Nueva York, y aquí tengo tres ediciones diferen-
tes. La tercera, en francés. Se la compré el verano pasado a mi librero-anticuario de Boston, Ken Gloss,
junto con las «Les Œuvres Complètes de Madame de
La Fayette» impresas en París en 1812 y «Les Œuvres
Complètes de Molière» también impresas en París en
1799. Se trata de la edición que Hiard, le libraire-édi-
teur de la Bibliothèque des Amis des Lettres, hizo en
1832 con el prólogo de Galland. Una edición en siete
volúmenes que cuido como si fuese de oro. Pero, hones-*

tamente, no me parece el caso comparar aquellos gracio-
sos cuentos con la «Ilíada» o la «Odisea» de Homero. No
me parece el caso comparar con los «Diálogos» de Pla-
tón, la «Eneida» de Virgilio, las «Confesiones» de San
Agustín, la «Divina Comedia» de Dante Alighieri, las
tragedias y las comedias de Shakespeare, el «Quijote» de
Cervantes, «La crítica de la razón pura» de Kant, «Gue-
rra y paz» de Tolstoi… No me parece serio.
Fin de la sonrisa y última puntualización.

* * *

Yo me gano la vida con mis libros. Con mis escri-
tos. Vivo de mis derechos de autor y me jacto de eso.
Me jacto aunque el porcentaje que un autor recibe por
cada ejemplar sea un porcentaje modesto, mejor dicho,
irrisorio. Una cifra que, especialmente con los libros de
bolsillo (con las traducciones, todavía peor), no basta
para comprar medio lapicero vendido por los hijos de
Alá que venden lapiceros y jamás han oído hablar de
«Las mil y una noches». Mis derechos de autor, los reci-
bo. Por lo demás, sin ellos sería yo quien vendería lapi-
ceros en las calles de Europa. Pero no escribo por dine-
ro. Nunca he escrito por dinero. Nunca. Tampoco cuando
era muy joven y tenía gran necesidad de dinero para
ayudar a mi familia y para pagarme la Universidad, la

49

Facultad de Medicina, que en aquel tiempo era muy costosa. A los diecisiete años comencé a trabajar como reporter en un diario de Florencia. Y a los diecinueve, o algo más, fui despedida sin previo aviso por haber rechazado el principio del horrendo vocablo «mercader de palabras». Ah, sí. Me habían ordenado escribir falsedades sobre el mitin de un famoso líder por el cual, mira bien, yo sentía una profunda antipatía. Mejor: profunda aversión. (El comunista Palmiro Togliatti.) Falsedades, mira bien, que ni siquiera debía firmar. Escandalizada dije que las mentiras yo no las escribía, y el director (un democristiano seboso y engreído) me respondió que los periodistas eran mercaderes de palabras obligados a escribir las cosas por las cuales estaban pagados. «No se escupe en el plato donde se come.» Temblando de indignación repliqué que en aquel plato podía comer él, que antes de convertirme en un mercader de palabras prefería morirme de hambre. Y allí mismo me despidió. El doctorado en Medicina tampoco lo conseguí por eso. Es decir, porque me encontré sin el sueldo necesario para pagarme la Universidad. No: nadie fue jamás capaz de inducirme a escribir una sola línea por dinero. Todo lo que he escrito en mi vida no ha tenido nunca que ver con el dinero. He sabido siempre, siempre, que la palabra escrita influye sobre los pensamientos y las acciones de la gente más que las bombas. Y la responsabilidad que deriva de ese conocimiento no puede ser ejercitada pensando en el dinero o a cambio de dinero. Por consiguiente, aquellas cuatro páginas y un cuarto del diario no los rellené pensando en el dinero. La desgarradora fatiga que a lo largo de aquellas semanas destruyó mi cuerpo maltrecho no me la impuse por dinero. Ni mucho menos puse a dormir a mi niño, mi difícil novela, para ganar más de lo que gano con mis Derechos de Autor. Y ahora viene el final agridulce. Un final que para mí cuenta mucho porque concierne a mi dignidad y mi moralidad.

Cuando el director ahora espantado vino a Nueva York para incitarme a romper el silencio ya roto, no me habló de dinero. Y eso no me desagradó. Me pareció casi elegante que él no tocase el tema del dinero respecto a un trabajo aviado por la muerte de tantas criaturas y en mi intención destinado a taladrar las orejas de los sordos, abrir los ojos de los ciegos, inducir a los descerebrados a usar el cerebro. Algunos días después de la publicación, empero, fui informada a bocajarro de que la remuneración por mi dolorosa fatiga estaba lista. Una remuneración muy-muy-muy-suntuosa. Tan suntuosa (la cifra no la sé, ni quiero saberla) que hacía innecesario reembolsarme los enormes gastos de las llamadas telefónicas intercontinentales. Bien: aunque comprendiendo que según las leyes de la economía pa-

garme era normal *(no por casualidad los artículos escritos por mis denigradores para el mismo diario y el mismo director habían sido regular y perfumadamente pagados), yo rechacé la muy-muy-muy-suntuosa remuneración. Tout-court. Con desprecio y desdén. Mejor: antes de rechazarla sentí el mismo malestar y estupor sentidos cuando (tenía catorce años) había descubierto que el Ejército italiano se aprestaba a pagarme la licencia de soldado tras un año de combates contra los nazi-fascistas en el Corpo Volontari della Libertà. (Me refiero al tierno episodio del que hablo en el pequeño libro a propósito del dinero finalmente aceptado para comprar los zapatos que ni yo ni mis hermanitas teníamos.) Bien... Me han informado de que al recibir el desdeñoso rechazo el director en cuestión se transformó en una estatua de sal como la mujer de Lot. Pero sea a él sea a quien lee, yo digo: ahora los zapatos los tengo. Y si no los tuviese, preferiría caminar descalza sobre la nieve antes que haberme embolsado aquel dinero. Hasta aceptar un céntimo me habría ensuciado el alma.*

ORIANA FALLACI

Nueva York, mayo de 2002

Me pides que hable, esta vez. Me pides que rompa al menos esta vez el silencio que he elegido, que me he impuesto desde hace años para no mezclarme con las cigarras. Y lo hago. Porque me he enterado de que en Italia algunos se alegraron de lo que ha pasado, como la otra noche en televisión se alegraron los palestinos de Gaza. «¡Victoria!, ¡Victoria!» Hombres, mujeres, niños... (Admitiendo que quien hace una cosa así pueda ser definido como un hombre, una mujer o un niño.) Me he enterado de que algunas cigarras de lujo, políticos o supuestos políticos, intelectuales o supuestos intelectuales, y otros que no merecen ser llamados hombres o mujeres o niños se comportan del mismo modo. Dicen: «Bien. Los norteamericanos se lo tienen merecido». Y estoy muy, muy enfadada. Enfadada. Con una rabia fría, lúcida, racional. Una rabia que elimina cualquier tipo de tolerancia o indulgencia, que me ordena responderles y, sobre todo, escupirles a la cara. Yo les escupo a la cara. Enfadada como yo, ayer la poetisa afronorteamericana Maya Angelou rugió:

«Be angry. It's good to be angry. It's healthy. Es bueno estar enfadados. Es sano». Y si para mí es bueno, es sano, yo no lo sé. Pero sé que para ellos no lo será... Hablo de los que admiran a Osama bin Laden, de los que por Osama bin Laden expresan comprensión o simpatía o solidaridad. Rompiendo el silencio acciono el detonador de una bomba que desde hace demasiado tiempo quiere explotar. Verás.

Me pides también que cuente cómo viví yo ese Apocalipsis: que dé mi testimonio. Empezaré pues con eso. Estaba en casa, mi casa se halla en el centro de Manhattan, y alrededor de las nueve advertí la sensación de un peligro que quizá no me había alcanzado pero que me concernía. La sensación que tienes en la guerra o mejor en combate, cuando percibes a flor de piel la bala o el cohete que silba, entonces estiras las orejas y gritas a quien está cerca de ti: «Down! Get down! ¡Al suelo! ¡Échate al suelo!». La rechacé. No estaba en Vietnam, me dije, no estaba en una de las tantas y malditas guerras que desde mi niñez han atormentado mi vida. Estaba en Nueva York, por Dios, en una maravillosa mañana de septiembre: el 11 de septiembre de 2001. Sin embargo la sensación continuó poseyéndome, inexplicable; así, encendí el televisor: cosa que nunca hago por la mañana. Bien, el sonido no funcionaba. La imagen, sí. Y en todos los canales, aquí hay casi cien canales, veías una Torre del World Trade Center que desde el piso ochenta hasta la cima ardía como una gigantesca cerilla. ¿Un cortocircuito? ¿Una avioneta que se había estrellado? ¿O bien un acto de terrorismo bien planeado? Casi paralizada me hice las tres preguntas y, mientras me las hacía, en la pantalla apareció un avión. Blanco, grande. Un avión de línea. Volaba muy bajo, y volando muy bajo se dirigía hacia la segunda Torre como un bombardero que apunta a su objetivo y se arroja sobre él. Entonces comprendí qué estaba pasando. Quiero decir: comprendí que se trataba de un avión kamikaze; que en la primera Torre había sucedido lo mismo. Y en ese mismo momento el sonido volvió, transmitiendo un coro de gritos salvajes. Repetidos, salvajes. «God! Oh, God! God, God, Goooooooood! ¡Dios! ¡Oh, Dios! ¡Dios, Dios, Diooooooooos!» Y el avión blanco se ensartó en la segunda Torre como un cuchillo que se ensarta en una barra de manteca.

Eran las nueve y tres minutos. Y no me preguntes qué sentí en ese momento o después. No lo sé, no lo recuerdo. Era un trozo de hielo. También mi cerebro era hielo. No recuerdo tampoco si algunas cosas las vi en la primera o en la segunda Torre. La gente que para no morir quemada viva se lanzaba por las ventanas de los pisos ochenta o noventa o cien, por ejemplo. Rompían los cristales de las ventanas, saltaban, se lanzaban al vacío como cuando saltamos de un avión en paracaídas... A docenas. Sí, a docenas. Y caían tan lentamente, tan lentamente... Caían agitando los brazos y las piernas, nadando en el aire... Sí, parecían nadar en el aire. Y no llegaban nunca. A la altura de los pisos treinta aceleraban. Comenzaban a gesticular desesperados, supongo que arrepentidos, como si gritasen help-socorro-help... Y tal vez lo gritaban de verdad, supe después. En fin, caían al suelo y paf. Se rompían como copas de cristal. ¡Por Dios! Yo creía haber visto de todo en la guerra. Me consideraba vacunada por la guerra, y sustancialmente lo estoy. Nada me sorprende ya. Ni siquiera cuando me enfado, ni siquiera cuando me indigno. Pero en la guerra siempre he visto gente que muere porque la matan. Nunca he visto gente que muere matándose, arrojándose al vacío sin paracaídas, saltando por las ventanas de un octogésimo o nonagésimo o centésimo piso... Continuaron matándose así hasta que las dos Torres, la primera alrededor de las diez, la otra a las diez y media, se desplomaron y... Sabes, junto con la gente que muere porque la matan, en la guerra yo he visto siempre cosas que se derrumbaban porque estallaban como una bomba. Pero las dos Torres no se derrumbaron de esa manera ni por esa razón. La primera implosionó, se engulló a sí misma. La segunda se fundió, se derritió como una barra de manteca. Y todo ha ocurrido, o así me parecía, en un silencio sepulcral. ¿Posible? ¿Existía realmente aquel silencio o estaba dentro de mí?

Quizá estaba dentro de mí. Encerrada dentro de aquel silencio escuché la noticia del tercer avión caído sobre el Pentágono, y la del cuarto caído en un bosque de Pensilvania. Encerrada dentro de aquel silencio me puse a calcular el número de muertos y Dios... Sabes, en la batalla más sangrienta que llegué a ver en Vietnam, la batalla de Dak To, hubo cuatrocientos muertos. En la masacre de Ciudad de México, la masacre donde me ligué tres balazos, uno en la espina dorsal, la cifra oficial fue de ochocientos. Y cuando creyéndome muerta me llevaron a la morgue, allí me dejaron sepultada entre los cadáveres, aquellos que pronto me encontré encima me parecían todavía más. En las Torres trabajaban más de cincuenta mil personas. A las nueve de la mañana allí ya estaba más de la mitad, y muchas no tuvieron tiempo de abandonar los edificios. Una primera estimación habla de siete mil *missing*. Pero hay una diferencia entre la palabra *missing*, desaparecido, y la palabra *dead:* muerto. En Vietnam siempre se hacía la distinción entre los *missing-in-action* y los *killed-in-action*. De todas formas, y sea cual sea el número final, estoy convencida de que nunca nos dirán toda la verdad. Para no acrecentar la intensidad de este apocalipsis, para no alentar otros Apocalipsis... Y los dos abismos que engulleron a miles y miles de criaturas son demasiado profundos, demasiado tapados por los escombros. Casi siempre los operarios desentierran sólo miembros esparcidos. Una nariz por aquí, un dedo por allá. O bien una especie de cieno que parece café molido y que, sin embargo, es materia orgánica: los restos de los cuerpos que en un instante se desintegraron. Ayer el alcalde Giuliani envió otros diez mil sacos para meter los cadáveres. Pero quedan allí inutilizados.

* * *

¿Qué pienso de la invulnerabilidad que muchos atribuían a Estados Unidos, qué siento por los kamikazes que nos afligen? Por los kamikazes, ningún respeto. Ninguna piedad. No, ni siquiera piedad. Yo que siempre suelo acabar por sentir piedad. A mí los

58

que se suicidan para matar a los otros siempre me han caído antipáticos, empezando por los japoneses de la Segunda Guerra Mundial. Oh, oui... Nunca los consideré ejemplos de valor como nuestro Pietro Micca que para bloquear la llegada de las tropas francesas, en 1706, prende fuego a la pólvora y salta por los aires con la ciudadela de Turín. En otras palabras, nunca los consideré soldados. Y mucho menos mártires o héroes, como el señor Arafat me los definió, vociferando y escupiendo su hedionda saliva, cuando en 1972 lo entrevisté en Amman. (Lugar donde sus mariscales entrenaban también a los terroristas alemanes de la Baader-Meinhof.) Los considero vanidosos y basta. Exhibicionistas que en lugar de perseguir la gloria a través del cine o la política o el deporte, la buscan en su propia muerte y en la de los otros. Una muerte que en lugar del premio Oscar o de la cartera ministerial o el título de campeón, les procurará (eso creen) la admiración del mundo. Y en el caso de los que rezan a Alá, la eternidad en el Djanna: el Paraíso del que habla el Corán, el jardín del Edén donde los héroes se cogen a las vírgenes huríes. Apuesto a que son vanidosos también físicamente. Tengo ante mis ojos la fotografía de los kamikazes a los cuales me refiero en mi *Insciallah,* la novela que empieza con la destrucción de la base norteamericana y de la base francesa en Beirut. (Más de cuatrocientos muertos.) Se la hicieron, esta foto, antes de ir a la muerte. Y antes de hacérsela pasaron por el peluquero. Mira qué buen corte de pelo, qué bonitos bigotes engominados, qué hermosa barbita bien recortada, qué patillas coquetas... En cuanto a los que se arrojaron contra las Torres y el Pentágono, los juzgo particularmente odiosos. Se ha descubierto que su jefe Muhammed Atta dejó dos testamentos. Uno que dice: «En mis funerales no quiero seres impuros. Es decir, animales y mujeres». Otro que dice: «Ni siquiera cerca de mi tumba quiero seres impuros. Sobre todo los más impuros de todos: las mujeres embarazadas». Y me consuela pensar que este bastardo nunca tendrá funerales ni tumbas. De él tampoco, naturalmente, ha quedado ni siquiera un cabello.

Me consuela, sí, y me gustaría ver la cara del señor Arafat oyéndomelo decir. Porque no tenemos buenas relaciones, yo y Arafat. Él no me ha perdonado jamás las acaloradas diferencias de opinión que tuvimos durante el encuentro en Amman, y yo jamás le he perdonado nada. Ni siquiera el hecho de que un periodista, presentándose imprudentemente como amigo-mío, fuera acogido con una pistola en el pecho. Por consiguiente nos deseamos mutuamente lo peor. Pero si lo encontrase de nuevo, o mejor dicho si yo le concediese audiencia, le diría: señor Arafat, ¿sabe quiénes son los mártires? Son los pasajeros de los cuatro aviones secuestrados y convertidos en bombas humanas. Entre ellos, la niña de cuatro años que se desintegró dentro de la segunda Torre. Son los empleados que trabajaban en las dos Torres y en el Pentágono y los trescientos cuarenta y tres bomberos y sesenta y seis policías que murieron al intentar salvarlos. (La mitad o casi con apellido italiano, o sea oriundos de Italia. Y entre ellos, un padre con su hijo: Joseph Angelini senior y Joseph Angelini junior.) ¿Y sabe quiénes son los héroes? Son los pasajeros del vuelo que debía estrellarse contra la Casa Blanca y que, sin embargo, se estrelló en el bosque de Pensilvania porque todos los que iban a bordo se rebelaron. ¡Ellos sí que merecían un Paraíso, señor Arafat! El problema es que ahora usted hace de Jefe de Estado ad perpetuum, el monarca, el benévolo dictador. Visita al Papa, frecuenta la Casa Blanca, dice condenar el terrorismo, maldito mentiroso, y con su camaleónica habilidad para desmentirse sería capaz de admitir que tengo razón: charlatán hecho de nada. Cambiemos de tema, pues. Hablemos de la invulnerabilidad que todo el mundo atribuía a Estados Unidos.

61

¿Invulnerabilidad? Tonterías. Cuanto más democrática y abierta es una sociedad, tanto más expuesta está al terrorismo. Cuanto más libre es un país, cuanto menos tolera las medidas policiales, tanto más padece o se arriesga a padecer los secuestros y masacres que se han producido durante tantos años en Italia, y en Alemania y en otras partes de Europa. Y que, agigantados, se han desencadenado en Estados Unidos el 11 de septiembre. No casualmente los países sin democracia, los países gobernados por un régimen policial, siempre han acogido y ayudado a los terroristas. La Unión Soviética, los satélites de la Unión Soviética, la China Popular, por ejemplo. Libia, Siria, Irak, Irán, el Líbano arafatiano. El mismo Egipto, donde los terroristas islámicos asesinaron también a Sadat. La misma Arabia Saudí de la cual Osama bin Laden es un súbdito renegado pero secretamente protegido y amado y financiado. El mismo Pakistán, obviamente Afganistán, casi todo el continente africano... En los aeropuertos y en los aviones de esos países yo siempre me he sentido segura, tranquila como un recién nacido que duerme. Lo único que temía, allí, era el peligro de ser arrestada porque escribía en contra de los terroristas. En los aeropuertos y en los aviones europeos, al contrario, me he sentido siempre nerviosa. En los aeropuertos y en los aviones norteamericanos, doblemente nerviosa, y en Nueva York tres veces más nerviosa. (En Washington, no. Debo admitir que el avión que se estrelló contra el Pentágono no me lo esperaba.) ¿Por qué crees que la mañana del 11 de septiembre mi subconsciente había advertido tanta angustia, tanta sensación de peligro? ¿Por qué crees que, contrariamente a mis costumbres, había encendido el televisor? ¿Por qué crees que entre las tres hipótesis que me atormentaban mientras la primera Torre se quemaba y el sonido no funcionaba, había aquella de un atentado? ¿Y por qué crees que apenas apareció el segundo avión comprendí qué sucedía? Pues como Estados Unidos es el país más fuerte del mundo, el más rico, más potente, más moderno, más capitalista, casi todos han caído y todavía caen en la trampa de su invulnerabilidad. Los norteamericanos mismos. Y pocos comprenden que su vulnerabilidad nace precisamente de su fuerza, su riqueza, su potencia, su capitalismo, su modernidad. La vieja historia del pez que se muerde la cola.

Nace también de su liberalidad, de su esencia multiétnica, de su respeto por sus ciudadanos y sus huéspedes. Por ejemplo: veinticuatro millones de norteamericanos son árabe-musulmanes. Y cuando un Mustafá o un Muhammed viene, digamos, de Riad o de Kabul o de Argel para visitar al abuelo, nadie le prohíbe que se inscriba en una escuela para aprender a pilotar un 757. (Apenas ciento sesenta dólares por lección.) Nadie le prohíbe que se inscriba en una universidad para estudiar química y biología, las dos ciencias necesarias para desencadenar una guerra bacteriológica. Ni siquiera si el gobierno teme que Mustafá o Muhammed secuestre un 757 o provoque una hecatombe dispersando bacterias. Y dicho esto volvamos al punto de partida inicial: ¿cuáles son los símbolos de la fuerza, de la riqueza, de la potencia, del capitalismo norteamericano, de la modernidad norteamericana? Por cierto no son el jazz, el rock-and-roll, el chewing-gum, la hamburguesa, y Broadway y Hollywood; diría: son los rascacielos, el Pentágono, la ciencia, la tecnología. Esos impresionantes rascacielos. Tan altos, tan hermosos que al levantar la vista casi te hacen olvidar las Pirámides y los divinos palacios de nuestro pasado. Esos aviones gigantescos, exagerados, que sustituyen a los camiones y los trenes porque aquí todo se desplaza en avión: el correo, el pescado fresco, las casas prefabricadas, los soldados, los cañones, los carros blindados, la fruta fresca, nosotros mismos. (Y no olvides que la guerra aérea fue inventada por ellos, o cuando menos fueron ellos quienes la llevaron hasta la histeria.) Ese Pentágono aterrador. Esa ceñuda fortaleza que daría miedo a Gengis Khan y a Napoleón. Esa ciencia omnipresente, omnipotente, inigualable. Esa tecnología impresionante que en poquísimos años ha cambiado radicalmente nuestra vida cotidiana, nuestra forma milenaria de comunicarnos, de comer, de vivir, de morir. ¿Y dónde ha golpeado Osama bin Laden? En los rascacielos, en el Pentágono. ¿Cómo? Con los aviones, la ciencia, la tecnología. Y a propósito de tecnología: ¿sabes lo que más me impresiona de este siniestro multimillonario, este ex playboy que en vez de cortejar a las princesas rubias y divertirse en los night clubs (como hacía en Beirut y en los Emiratos cuando tenía veinte años) se divierte con las matanzas celebradas en nombre de Alá? El hecho de que gran parte de su desmesurado patrimonio provenga de una corporación especializada en demoliciones, y que él mismo sea un experto demoledor. (La demolición es una especialidad de la tecnología norteamericana.) De hecho, si pudiese entrevistarlo, una de mis preguntas sería precisamente sobre ese asunto. Otra, sobre su difunto y ultrapolígamo padre que entre varones y mujeres ha generado cincuenta y cuatro descendientes, y de él (el decimoséptimo) amaba decir: «Siempre ha sido el más bueno. El más dulce, el más bueno». Otra, sobre sus feas hermanas que en Londres y en la Costa Azul se dejan fotografiar con la cara y la cabeza descubiertas, los enormes senos y las inmensas nalgas bien visibles a través de las camisetas y los pantalones excesivamente adherentes. Otra, sobre sus numerosas esposas y concubinas. En fin, sobre las relaciones que todavía mantiene con Arabia Saudí. Esa horrible Arabia Saudí. Esa infecta caja fuerte de la que todos dependemos por el maldito petróleo… Preguntaría: «Señor Bin Laden, ¿cuánto dinero recibe de sus compatriotas y de los miembros de la familia real?». Y después de esas preguntas debería informarlo de que Nueva York no ha sido puesta de rodillas por sus kamikazes. Para informarlo debería contarle lo que dijo Bobby: el niño neoyorquino (ocho años) ayer entrevistado por un periodista de la televisión. He aquí. Palabra por palabra:

«My mom always used to say: "Bobby, if you get lost on the way home, have no fear. Look at the Towers and remember that we live ten blocks away on the Hudson River". Well, now the Towers are gone. Evil people wiped them out with those who were inside. So, for a week I asked myself: Bobby, how do you get home if you get lost now? Yes, I thought a lot about this, but then I said to myself: Bobby, in this world there are good people too. If you get lost now, some good person will help you instead of the Towers. The important thing is to have no fear.» Traduzco: «Mi mamá repetía siempre: "Bobby, si te pierdes de regreso a casa, no tengas miedo. Mira las Torres y recuerda que nosotros vivimos a diez manzanas subiendo por Hudson River". Bueno, ahora las Torres no existen más. Gente mala las ha destruido con las personas que había dentro. Así, hace una semana que me pregunto: Bobby, si te pierdes ahora, ¿cómo harás para regresar a casa? Me lo pregunto, sí. Pero luego me contesto: Bobby, en este mundo también hay gente buena. Si te pierdes ahora, alguien bueno te ayudará en lugar de las Torres. Lo importante es no tener miedo».

Y sobre este asunto tengo que decir algo más.

* * *

Cuando llegaste aquí para pedirme romper el silencio ya roto estabas casi aturdido por la heroica eficiencia y la admirable unidad con la que los norteamericanos estaban afrontando este apocalipsis. Oh, sí. A pesar de los defectos que continuamente se les reprocha, que yo misma les reprocho (pero como sostendré, los de Europa y sobre todo los de Italia son mucho peores), Estados Unidos es un país con grandes cosas que enseñar. Y a propósito de su heroica eficiencia déjame cantar un peán para el alcalde de Nueva York. Ese Rudolph Giuliani que tiene apellido italiano, es de origen italiano, nos hace quedar bien ante el mundo entero. Oh, sí: es un grande, grandísimo alcalde, Rudolph Giuliani. Te lo dice una que nunca está contenta con nada ni nadie, empezando por sí misma. Un alcalde digno de otro grandísimo alcalde con apellido italiano, Fiorello La Guardia, y a cuya escuela muchos de nuestros alcaldes europeos deberían ir, presentarse con la cabeza baja aún cubierta de ceniza, balbucear: «Señor Giuliani, ¿nos explica por favor cómo se hace?». Porque Giuliani no delega sus responsabilidades en el prójimo, no. No pierde el tiempo en pretenciosas avideces. No se divide entre el cargo de alcalde y el de ministro o diputado (¿hay alguien que me esté escuchando en las tres ciudades de Stendhal, por ejemplo, o sea en Nápoles y Florencia y Roma?). Corriendo el riesgo de acabar convertido en cenizas el 11 de septiembre fue el primero en llegar, en entrar en los rascacielos. Y se salvó por pura casualidad. Más aún: en cuatro días puso nuevamente de pie la ciudad. Una ciudad que cuenta con nueve millones y medio de habitantes, dos millones sólo en Manhattan... Cómo lo hizo, no lo sé. El pobre está enfermo como yo, el cáncer que va y viene lo ha picoteado también a él. Y como yo, se comporta como si estuviese sano: trabaja lo mismo. Pero yo trabajo sentada a mi escritorio, caramba. Él, al contrario... Parecía un general que participa personalmente en una batalla, un soldado que se lanza al ataque con la bayoneta. «¡Adelante, compañeros! ¡Manos a la obra, muchachos!» Y ayer nos dijo: «The first of the Human Rights is Freedom from Fear: do not have fear. El primero de los Derechos Humanos es la Libertad de no Tener Miedo: no tengan miedo». Pero puede comportarse de este modo porque los que trabajan con él son como él. Tipos sin vanidad, sin pereza, y con cojones. Uno es el único bombero que tras la caída de la segunda Torre fue rescatado vivo. Se llama Jimmy Grillo (otro apellido italiano). Tiene veintiocho años, los cabellos rubios como el trigo maduro, las pupilas azules como el mar cristalino, y parece un Ecce Homo. Heridas, quemaduras, cortes, curitas. Hoy le han preguntado si quiere cambiar de trabajo. Ha respondido: «I am a fireman, and all my life I shall always be a fireman. Always here, always in New York. To protect my city and my people and my friends. Yo soy un bombero y seré siempre un bombero. Siempre aquí, en Nueva York. Para proteger mi ciudad, mi gente, mis amigos».

En cuanto a la admirable capacidad de unirse, a la cohesión casi marcial con la cual los norteamericanos responden a las desgracias y al enemigo, debo admitir que en un primer momento me ha sorprendido también a mí. Lo sabía, sí, que esa cohesión había surgido en 1941, o sea en los tiempos de Pearl Harbor: cuando el pueblo se apretó alrededor de Roosevelt y Roosevelt entró en guerra contra la Alemania de Hitler, la Italia de Mussolini, el Japón de Hirohito. La había olido, sí, el día en que Kennedy fue asesinado. Pero después vino la guerra de Vietnam, el tajo lacerante causado por la guerra de Vietnam. Y, en cierto modo, esto me había recordado su Guerra Civil de un siglo y medio atrás. Así, al ver a los blancos y los negros que lloraban abrazados, los demócratas y los republicanos que cantaban juntos God bless America, Dios bendiga a Estados Unidos, al verlos dejar de lado todas sus diferencias, creía soñar. Lo mismo, cuando Bill Clinton (persona por la cual nunca sentí ternura) declaró: «Unámonos al presidente Bush, confiemos en nuestro presidente Bush». Lo mismo, cuando esas palabras fueron repetidas por su esposa senadora por el Estado de

70

Nueva York. Lo mismo, cuando fueron reiteradas por Lieberman, el ex candidato demócrata a la vicepresidencia. (Sólo el derrotado Al Gore ha mantenido un escuálido, penoso, imperdonable silencio.) Lo mismo, cuando el Congreso votó por unanimidad aceptar la guerra, castigar a los culpables. Lo mismo cuando descubrí que la divisa de los norteamericanos es una divisa latina y dice: «Ex pluribus unum. De todos uno». Y cuando me contaron que los niños la aprenden en la escuela, la recitan como en Italia se recita el Padrenuestro, me conmoví. ¡Ah, si los europeos y en particular los italianos aprendiesen esta lección! Es un país tan dividido, Italia. ¡Tan sectario, tan envenenado por sus mezquindades tribales! Se odian también en el seno del propio partido, en Italia. No son capaces de estar juntos ni siquiera bajo el mismo emblema, el mismo distintivo. Celosos, biliosos, vanidosos, mezquinos, no piensan más que en sus intereses personales. No se preocupan más que de su pequeña carrera, de su pequeña gloria, de su pequeña popularidad. Por sus intereses personales se hacen maldades, se traicionan, se acusan, se escupen, se arrojan la recíproca mierda... Yo estoy absolutamente convencida de que si Osama bin Laden hiciese saltar por los aires la Torre de Giotto o la Torre de Pisa, la oposición culparía al gobierno y el gobierno a la oposición. Los jefecillos del gobierno y los jefecillos de la oposición culparían a sus propios compañeros o camaradas. (En España, en Francia, en Alemania, etcétera, también...) Y aclarado esto, déjame que te explique de dónde nace esa capacidad de unirse, de responder unidos a las desgracias y al enemigo, que caracteriza a los norteamericanos.

Nace de su patriotismo. Yo no sé si en Italia han visto y comprendido lo que pasó en Nueva York cuando Bush vino a elogiar y agradecer a los trabajadores (y trabajadoras) que intentando salvar a alguien excavan entre aquella especie de café molido para sacar solamente una oreja o un dedo o una nariz. Sin ceder, mira bien, sin resignarse. Y si preguntas cómo lo consiguen, responden: «I can allow myself to be exhausted, not to be defeated. Puedo permitirme estar exhausto, no derrotado». ¿Los han visto o no? Mientras Bush los elogiaba y les daba las gracias, no hacían más que ondear las banderitas norteamericanas, alzar el puño cerrado, gritar: «Iuessè! Iuessè! Iuessè! ¡USA, USA, USA!». En un país totalitario habría pensado: «¡Mira qué bien los ha organizado el poder!». En Estados Unidos, no. En Estados Unidos estas cosas no se organizan. No se manipulan, ni se ordenan. Especialmente en una metrópoli desencantada como Nueva York, con operarios como los operarios de Nueva York. Son ingobernables, los operarios de Nueva York. Ariscos, anarcoides, más libres que el viento. Ellos, te lo aseguro, no obedecen ni siquiera a sus sindicatos. Pero si les tocas su bandera, si les tocas su Patria... En inglés la palabra Patria no existe. Para decir Patria tenemos que unir dos palabras. Father Land, Tierra de los Padres. Mother Land, Tierra Madre. Native Land, Tierra Nativa. O decir simplemente My Country, Mi País. Pero el sustantivo *Patriotism* existe. El adjetivo *Patriotic* existe. Y aparte de Francia, no puedo imaginar un país más patriótico que Estados Unidos. ¡Ah! Yo sentí una especie de humillación al ver a los operarios norteamericanos que alzando el puño y ondeando las banderitas gritaban Iuessè-Iuessè-Iuessè sin que nadie se lo hubiese ordenado. Porque los operarios italianos que ondean la tricolor y gritan Italia-Italia no los puedo imaginar. En las manifestaciones y en los comicios los he visto enarbolar tantas banderas rojas, a los operarios italianos. Ríos, lagos de banderas rojas. Las banderas tricolores, empero, muy raramente. Más aún, nunca. Mal dirigidos o tiranizados por una izquierda devota de la Unión Soviética, las banderas tricolores se las han dejado siempre a los adversarios. Y no es que los adversarios hayan hecho un buen uso de tal don. Tampoco lo han derrochado, gracias a Dios. Y los que van a misa, igualmente. Resultado, hoy la bandera italiana se puede ver sólo en las Olimpiadas si por casualidad ganamos una medalla, o en los estadios de fútbol durante los encuentros internacionales. Única ocasión, además, en la cual se oye el grito Italia-Italia.

Oh, sí. Hay una gran diferencia entre un país en el cual la bandera de la Patria es enarbolada sólo por los palurdos de los estadios o los vencedores de las Olimpiadas, y un país en el cual es enarbolada por el pueblo entero. Ante todo, por los ingobernables operarios que en Nueva York excavan entre el café molido para rescatar una oreja o un dedo o una nariz de las criaturas masacradas en nombre del Corán.

* * *

Estoy diciendo que Estados Unidos es un país especial, amigo mío. Un país que a mi juicio tenemos que envidiar, del que sentirse celosos, por razones totalmente extrañas a su riqueza, a su poder, etcétera. ¿Sabes por qué? Porque nació de una necesidad del alma, la necesidad de tener una patria, y de la idea más sublime que los hombres hayan jamás concebido: la idea de Libertad desposada con la idea de Igualdad. Además, porque cuando ocurrió eso la idea de Libertad no estaba de moda. Y menos aún la idea de Igualdad. Sólo algunos filósofos llamados los Ilustrados, los Iluministas, hablaban de esas cosas. Sólo en un enorme libro publicado por entregas y titulado *l'Encyclopédie* se encontraban estos conceptos. Y aparte de los príncipes y los señores que tenían dinero para comprar el enorme libro o los libros que lo habían inspirado, ¿quién sabía algo del movimiento cultural Iluminismo, Ilustración? Aparte de los intelectuales y los soñadores, los utopistas, ¿quién sospechaba que ciertas extravagancias pudiesen materializarse? Ni siquiera los revolucionarios franceses, visto que la Revolución estadounidense estalló en 1776 pero comenzó a gestarse en 1774 y la Revolución Francesa se inició en 1789, es decir, quince años después. (Detalle, ese, que los antinorteamericanos y particularmente los antinorteamericanos del bien-los-norteamericanos-se-lo-tienen-merecido siempre fingen olvidar o ignorar.) Estados Unidos es un país especial, un país que tenemos que envidiar, también porque la idea de libertad desposada con la idea de igualdad fue comprendida por campesinos casi siempre analfabetos o en cualquier caso incultos. Los campesinos de las trece colonias norteamericanas. Y porque el matrimonio fue materializado por un pequeño grupo de líderes extraordinarios, hombres de gran cultura y de gran calidad. The Founding Fathers, los Padres Fundadores. ¡Bendito Dios! ¿Sabes quiénes eran los Padres Fundadores, los Benjamin Franklin, los Thomas Jefferson, los Thomas Paine, los John Adams, los George Washington, etcétera? No eran, no, los abogaduchos (como los llamaba Vittorio Alfieri) de la Revolución Francesa. No eran, no, los siniestros e histéricos verdugos del Terror: los Marat, los Danton, los Desmoulins, los Saint-Just, los Robespierre. Eran hidalgos de verdad, doctos que conocían el griego y el latín como nuestros profesores de griego y latín (suponiendo que aún quede alguno) no lo conocerán jamás. Que en griego habían leído a Aristóteles y Platón, que en latín habían leído a Séneca y Cicerón, que los principios de la democracia antigua los habían estudiado más que los marxistas de mi tiempo habían estudiado la teoría de la plusvalía. (Admitiendo que los marxistas la hubiesen estudiado en serio...) Jefferson sabía también italiano. (Que llamaba «toscano».) En italiano leía y escribía con bravura y soltura. No casualmente, junto a los dos mil retoños de vid y los mil retoños de olivo y a los pentagramas que en Virginia escaseaban, en 1774 el médico florentino Filippo Mazzei le había traído varios ejemplares de un libro italiano escrito por un tal Cesare Beccaria, *De los delitos y las penas*. En cuanto al autodidacta Benjamin Franklin, era un genio. Científico, matemático, impresor, editor, escritor, periodista, político, inventor... En 1752 había descubierto la naturaleza eléctrica del rayo e inventado el pararrayos. Disculpa si te parece poco. Y fue con estos líderes extraordinarios, estos hombres de gran cultura y gran calidad, que en 1776, mejor dicho en 1774, aquellos campesinos analfabetos o de cualquier modo incultos se rebelaron contra Inglaterra. Hicieron la guerra de Independencia, la Revolución estadounidense.

La hicieron, pese a los fusiles y a los muertos que cada guerra comporta, sin los ríos de sangre de la futura Revolución Francesa. La hicieron sin la guillotina, sin las masacres de La Vandea y de Lyon y de Toulon o de Burdeos. La hicieron con un papel que junto a la necesidad del alma, a la necesidad de haber una patria, sintetizaba la idea sublime de la libertad desposada con la igualdad: la Declaración de Independencia. «We hold these Truths to be self-evident... Nosotros consideramos evidentes estas verdades. Que todos los Hombres son iguales. Que todos están dotados por el Creador de ciertos Derechos inalienables. Que entre estos Derechos están el derecho a la Vida, a la Libertad, a la Búsqueda de la Felicidad. Que para asegurar estos Derechos los Hombres deben instituir los gobiernos...». Y ese papel que desde la Revolución Francesa en adelante todos hemos copiado bien o mal, o en el que todos nos hemos inspirado, es todavía la espina dorsal de Estados Unidos. La linfa vital de esta nación. ¿Sabes por qué? Porque convierte a los súbditos en ciudadanos. Porque transforma a la plebe en Pueblo. Porque la invita, mejor, le ordena rebelarse contra la tiranía y gobernarse. Expresar su propia individualidad, buscar su propia felicidad. (Lo que para un pobre, para un plebeyo, significa sobre todo enriquecerse.) Todo lo contrario, en suma, de lo que hacía el comunismo prohibiendo a la gente el derecho a rebelarse, gobernarse, expresarse, enriquecerse. Y colocando a Su Majestad el Estado en el lugar de los reyes. «El comunismo es un régimen monárquico. Una monarquía de viejo estilo», decía mi padre. «En cuanto tal, corta los cojones a los hombres. Y cuando a un hombre le cortan los cojones, un hombre no es más un hombre.» Decía también que en lugar de redimir a la plebe el comunismo convertía a todos en plebe. Los convertía a todos en muertos de hambre.

Bien: en mi opinión Estados Unidos redime, rescata a la plebe. Caramba, son todos plebeyos en Estados Unidos. Blancos, negros, amarillos, marrones, violetas. Estúpidos, inteligentes, pobres, ricos... Aun los más plebeyos son casi siempre más ricos. ¡En la mayoría de los casos, ciertos rústicos...! Hasta un ciego sordomudo se da de súbito cuenta que nunca han leído «Las buenas crianzas» de Monseñor de la Casa, nunca han tenido experiencia de refinamiento y buen gusto y sofisticación. A pesar del dinero que derrochan en la ropa son tan poco elegantes que a su lado la Reina de Inglaterra parece chic. Pero están redimidos, Dios. Están rescatados. Y en este mundo no hay nada más fuerte, más poderoso, más inexorable, que la plebe redimida. La Plebe Rescatada. Acabas siempre por romperte los cuernos con la plebe redimida, la plebe rescatada. Y con Estados Unidos todos se han roto los cuernos. Todos. Ingleses, alemanes, mexicanos, rusos, nazis, fascistas, comunistas... Al final se les han roto también a los comunistas vietnamitas. Para insertarse en la economía mundial tienen que pactar con los norteamericanos, y cuando el ex presidente Clinton fue a Hanoi tocaron el cielo, se prodigaron en diez mil reverencias. «Welcome, Monsieur le Président, welcome! Hagamos business con Estados Unidos, yes? Boku money, mucho dinero, yes?» El problema es que los hijos de Alá no son vietnamitas. Y con los hijos de Alá el conflicto será duro. Muy largo, muy difícil, muy duro. A menos que el resto de Occidente, es decir, Europa, apague su miedo y razone un poco y eche una mano. El Papa incluido.

(Y aquí permítame una pregunta, Santísimo Padre. ¿De verdad, hace tiempo, Usted pidió a los hijos de Alá que perdonasen las Cruzadas emprendidas por sus predecesores para conquistar el Santo Sepulcro? ¿Ah, sí? Bueno... ¿Y ellos nunca Le han pedido perdón por haberlo robado a los cristianos? ¿Nunca le han pedido perdón por haber dominado durante más de siete siglos la catolicísima Península Ibérica, invadido y usurpado todo Portugal y tres cuartas partes de España, perseguido al pueblo, desnaturalizado sus costumbres y sus idiomas, así que si en 1482 Isabel de Castilla y Fernando de Aragón no hubiesen tomado cartas en el asunto, hoy en España y Portugal se hablaría todavía árabe? ¿Se llevaría todavía el turbante y el burkah y el chador, se bebería solamente agua? Me gustaría una respuesta, Santísimo Padre, porque conmigo nunca se disculparon por los crímenes que hasta principios del siglo XIX cometieron a lo largo de las costas de Toscana, o sea del mar Tirreno, donde secuestraban a mis abuelos pescadores, les ponían cadenas en los pies y en las muñecas y en el cuello, los conducían a Argelia o a Túnez o a Marruecos o a Turquía, los vendían en los bazares, los tenían como esclavos, y les cortaban la garganta si intentaban escapar. ¡Por Dios, Santidad! Usted ha trabajado tanto para que cayera el comunismo y la Unión Soviética. Mi generación, una generación que ha vivido toda la vida en el terror de la Tercera Guerra Mundial, debe agradecerle también a Usted el milagro que nadie habría creído que pudiera suceder: una Europa libre del yugo del comunismo, una Rusia que espera entrar en la OTAN, una Leningrado que de nuevo se llama San Petersburgo, un Putin que es el mejor amigo de Bush. Su mejor aliado. ¡¿Y después de haber contribuido a todo esto ahora le guiña el ojo a quienes son mil veces peores que Stalin, pide perdón a quienes Le robaron el Santo Sepulcro y probablemente quisieran robarle el Vaticano?! Eso ofende la lógica y Su mismo trono, Santidad.)

* * *

No estoy hablando, naturalmente, a los buitres que mirando las imágenes de las matanzas ríen a carcajadas y rechinan bien-los-norteamericanos-se-lo-tienen-merecido. Estoy hablando a las personas que no siendo estúpidas ni malas se hallan en la prudencia o en la duda. Y a ellas les digo: ¡Despierta, gente, despierta! Intimidados como están por el miedo de ir a contracorriente o parecer racistas (palabra inapropiada porque como resultará claro el discurso no es sobre una raza, es sobre una religión), no entienden o no quieren entender que aquí está ocurriendo una Cruzada al Revés. Acostumbrados como están al doble juego, cegados como están por la miopía, no entienden o no quieren entender que nos han declarado una guerra de religión. Promovida y fomentada por una facción de aquella religión, puede ser (¿puede ser?), pero de religión. Una guerra que ellos llaman Yihad: Guerra Santa. Una guerra que puede ser (¿puede ser?) que no aspire a conquistar nuestro territorio, pero mira a la conquista de nuestras almas. A la desaparición de nuestra libertad, de nuestra sociedad, de nuestra civilización. Es decir, al aniquilamiento de nuestra manera de vivir o de morir, de nuestra manera de rezar o no rezar, de pensar o no pensar. De nuestra manera de comer y beber, de vestirnos, divertirnos, informarnos... No entienden o no quieren entender que si no nos oponemos, si no nos defendemos, si no combatimos, la Yihad vencerá. Vencerá y destruirá el mundo que bien o mal hemos logrado construir, cambiar, mejorar, hacer un poco más inteligente. Menos santurrón y tal vez no santurrón del todo. Destruirá en suma nuestra identidad, nuestra cultura, nuestro arte, nuestra ciencia, nuestra moral, nuestros valores, nuestros principios, nuestros placeres... Sí señores: nuestros placeres también. ¿No comprenden que los Osama bin Laden se creen verdaderamente autorizados a matarlos a ustedes y a sus hijos porque beben vino o cerveza, porque no llevan la barba larga o el chador o el burkah, porque van al teatro y al cine, porque escuchan a Mozart y canturrean una cancioncilla, porque bailan en las discotecas o en sus casas, porque miran la televisión, porque llevan minifalda o pantalones cortos, porque en el mar o en la piscina están desnudos o casi desnudos, porque joden cuando y donde y con quien les da la gana? ¿No les importa ni siquiera eso, tontos? Yo soy atea, gracias a Dios. Racionalmente; por lo tanto, irremediablemente atea. Y no tengo intención alguna de ver mi racionalismo, mi ateísmo, ofendido y perseguido y castigado por los nuevos Inquisidores de la Tierra. Por los bárbaros que usan el cerebro sólo para memorizar el Corán. Por los obtusos que rezan cinco veces al día, que cinco veces al día están arrodillados y con el trasero expuesto... Hace veinte años que lo digo. Veinte. Con una cierta benignidad, no con esta rabia y esta pasión, sobre todo esto escribí hace veinte años un artículo de fondo en tu diario. Era el artículo de una persona acostumbrada a vivir con cualquier tipo de razas y credos. El artículo de una persona acostumbrada a combatir contra cualquier fascismo y cualquier intolerancia. De una laica sin tabúes. Pero era también el artículo de una occidental indignada con los occidentales que no olían el hedor de Guerra Santa, y que perdonaban demasiado fácilmente a los futuros Inquisidores de la Tierra. Hice un razonamiento que sonaba más o menos así, hace veinte años: «¿Qué lógica tiene respetar a quien no nos respeta? ¿Qué dignidad tiene defender la cultura o presunta cultura de aquellos que desprecian la nuestra? Yo defiendo la nuestra, por Dios, y digo que Dante Alighieri me gusta más que Omar Khayyām». Ayuda, ayuda: se abrieron los cielos. Me pusieron en la picota, me crucificaron. «¡Racista, racista!» Fueron las cigarras, los soi-disant progresistas (en aquel tiempo se llamaban comunistas) que me crucificaron. Por lo demás el insulto racista-racista me lo gritaron de igual modo cuando los soviéticos invadieron Afganistán. ¿Recuerdas a los barbudos con sotana y turbante que antes de disparar el mortero o mejor a cada golpe de mortero, berreaban loas al Señor, Allah-akbar, Dios-es-grande, Allah-akbar? Yo los recuerdo bien. Y, a pesar de mi ateísmo, aquel acoplar la palabra Dios al golpe de mortero me daba escalofríos. Horrorizada decía: «Los soviéticos son lo que son. Pero debemos admitir que con esta guerra nos protegen incluso a nosotros. Y se lo agradezco». Ayuda, ayuda: se volvieron a abrir los cielos. «¡Racista, racista!» Cegados por su mala fe, su cinismo, su oportunismo, no querían tampoco considerar las monstruosidades con las que los afganos mataban a los prisioneros soviéticos. A los prisioneros soviéticos les cortaban las piernas y los brazos, ¿recuerdas? El pequeño vicio al que sus correligionarios ya se habían dedicado en el Líbano con los cristianos y los judíos. (Y no hay que asombrarse visto que durante el siglo XIX mutilaban y mataban de la misma manera a los diplomáticos y los embajadores británicos de Kabul. Relee la historia y apunta los nombres, los apellidos, las fechas… A los diplomáticos británicos, a los embajadores, les cortaban también la cabeza. Después, con ella, jugaban al polo. Las piernas y los brazos, en cambio, los exponían en las plazas o los vendían en el bazar.) Oh, sí. También de esto rehusaban hablar, las cigarras. ¿Qué les importaba, a los hipócritas, los cobardes, un pobre soldadito ucraniano que yacía en un hospital con las piernas y los brazos cortados? Al contrario, apoyaban a los norteamericanos que atontados por el miedo a la Unión Soviética regalaban armas al heroico-pueblo-afgano. Entrenaban a los barbudos y con los barbudos (Dios los perdone, yo no) un barbudísimo llamado Osama bin Laden. «¡Fuera los rusos de Afganistáaan! ¡Los rusos deben marcharse de Afganistáaan!» era el grito de la extraña alianza comunista-capitalista. Bien. Los rusos se han marchado: ¿contentos? Y de Afganistán los barbudos del barbudísimo Osama bin Laden han llegado a Nueva York con los afeitados sirios, egipcios, iraquíes, libaneses, saudíes, tunecinos, argelinos, palestinos, que formaban la banda de los diecinueve kamikazes del 11 de septiembre: ¿contentos? Y ahora aquí se habla además del próximo ataque que el terrorismo islámico quiere desencadenar con las armas bacteriológicas. Cada noche los telediarios hablan de ántrax y de viruela: las dos plagas más temidas porque son las más fáciles de expandir. Para acrecentar el drama hay un científico de Uzbekistán que hace años escapó de la

Unión Soviética para refugiarse en Estados Unidos, y que dice: «Don't take it easy, no se lo tomen a la ligera. Aunque no se ha desencadenado aún, esta amenaza es la más real de todas. Puede materializarse mañana como dentro de un año o dos o diez. Prepárense». Por consiguiente, y no obstante las lecciones de coraje impartidas por Bobby y por Giuliani, la gente tiembla. ¿Contentos? Algunos no están ni contentos ni descontentos. Estados Unidos está lejos, piensan. Entre Europa y Estados Unidos hay un océano inmenso. Ah, no, tontos míos. No. Hay un hilo de agua. Porque cuando está en juego el destino de Occidente, la supervivencia de nuestra civilización, Nueva York somos nosotros. Estados Unidos somos nosotros. Nosotros españoles, italianos, franceses, ingleses, alemanes, suizos, austriacos, holandeses, húngaros, eslovacos, polacos, escandinavos, belgas, rumanos, griegos, portugueses. Etcétera, etcétera, amén. Y también nosotros rusos, por Dios, que en Moscú hemos librado nuestra porción de matanzas realizadas por los musulmanes de Chechenia. Si Estados Unidos cae, cae Europa. Cae Occidente, caemos nosotros. Y no sólo en sentido económico, o sea el sentido que preocupa más a los italianos, a los europeos... (Cuando era joven e ingenua conocí al comediógrafo Arthur Miller y durante el encuentro le dije: «Los norteamericanos lo miden todo por el dinero. Sólo les preocupa el dinero». Y justamente, desdeñosamente, Arthur Miller me respondió: «¿Ustedes no?».) Caeremos en todos los sentidos, tontos míos. Y en lugar de los campanarios nos encontraremos los minaretes, en lugar de las minifaldas nos encontraremos el chador o mejor dicho el burkah, en lugar de la copita de coñac nos tomaremos la leche de camella. En lugar de la democracia, la teocracia. En lugar de la libertad, una Inquisición gestada por los Torquemadas con la sotana y el turbante y el trasero expuesto. ¿Ni siquiera esto entienden, ni siquiera esto quieren entender, sordos? Ciegos, sordos. Blair lo ha entendido. Se ha puesto inmediatamente del lado de Bush. Chirac, no. Como sabes, después de la catástrofe también Chirac vino aquí. Vino, vio los escombros de las Torres, supo que los muertos eran un número incalculable y puede ser inconfesable, pero no se trastornó. Durante la entrevista a la CNN, cuatro veces Christiane Amanpour le preguntó de qué modo y en qué medida pensaba oponerse a la Yihad. Y cuatro veces eludió la respuesta escurriéndose como una anguila. Cuatro. Y la cuarta vez grité: «Monsieur le Président! ¿Recuerda el desembarco en Normandía?

¿Recuerda cuántos norteamericanos cayeron en Normandía para expulsar de Francia a los nazis?».

El problema es que de España a Suecia, de Alemania a Grecia, ni siquiera en los otros países europeos veo a Ricardos Corazón de León. Y mucho menos los veo en Italia, donde a dos semanas del apocalipsis el gobierno no ha detectado ni arrestado a ningún cómplice de Osama bin Laden. ¡Por Dios, señor Primer Ministro de Italia! En cada región de este continente algún cómplice ha sido detectado y arrestado. En Italia, donde las mezquitas de Milán y Turín y Roma desbordan de canallas que aclaman a Bin Laden, de terroristas o aspirantes a terroristas, a los cuales les gustaría tanto desintegrar la Cúpula de San Pedro, no se ha capturado a ninguno. Ninguno. Contésteme, señor Primer Ministro, contésteme: ¿son tan incapaces sus policías y carabinieri? ¿Son tan ineficaces sus servicios secretos? ¿Son tan inertes sus funcionarios? ¿Son todos tibias de santos, son todos pobres inocentes con la ramita de olivo, los hijos de Alá que cortésmente hospedamos? ¿O la idea de proceder contra ellos le da miedo? A mí, como ve, no. ¡Por Dios! Yo no niego a nadie el derecho a tener miedo. He escrito mil veces, por ejemplo, que quien no tiene miedo de la guerra es un cretino y quien dice que no tiene miedo a la guerra es un mentiroso. Pero en la Vida y en la Historia hay casos en los que no se debe, no se puede tener miedo. Casos en los que tener miedo es inmoral e incivil. Y quienes por mala fe o falta de coraje o costumbre de cabalgar con un pie en dos estribos se sustraen a esa obligación me parecen, además, cobardes, estúpidos y masoquistas.

* * *

Masoquistas, sí masoquistas. Partiendo de esta palabra abro finalmente al discurso sobre lo que tú llamas Contraste-entre-las-Dos-Culturas, y bien: para empezar, me molesta incluso hablar de «dos» culturas. Es decir, ponerlas en el mismo plano como si fueran dos realidades paralelas: dos entidades de igual peso y de igual medida. Porque detrás de nuestra civilización está Homero, está Sócrates, está Platón, está Aristóteles, está Fidias. Está la antigua Grecia con su Partenón, su escultura, su poesía, su filosofía, su invención de la Democracia. Está la antigua Roma con su grandeza, su concepto de la Ley, su literatura, sus palacios, sus anfiteatros, sus acueductos, sus puentes, sus calles. Hay un revolucionario, aquel Jesús muerto crucificado que nos enseñó (y paciencia si no lo hemos aprendido) el concepto de amor y justicia. Hay también una Iglesia que nos puso la Inquisición, de acuerdo. Que nos torturó, nos quemó mil veces en la hoguera. Que durante siglos nos obligó a esculpir o pintar sólo Cristos y Santos y Vírgenes, que casi me mató a Galileo Galilei. Lo humilló, lo silenció. Pero ha dado también una gran contribución a la Historia del Pensamiento, esa Iglesia. Ni siquiera una atea como yo puede negarlo. Y después está el Renacimiento. Está Leonardo da Vinci, Michelangelo, Raffaello, Donatello, etcétera. Por ejemplo, El Greco y Rembrandt y Goya. Hay una arquitectura que va bien allende de los minaretes y de las tiendas en el desierto. Está la música de Bach y Mozart y Beethoven, hasta llegar a Rossini y Donizetti y Verdi and Company. (Esa música sin la cual no sabemos vivir y que en la cultura o supuesta cultura islámica está prohibida. Pobre de ti si silbas una cancioncilla o tarareas el coro de «Nabucco». «Como máximo puedo concederle alguna marcha para los soldados», me dijo Jomeini cuando afronté el asunto.) Finalmente está la Ciencia y la tecnología que de ella se deriva. Una ciencia que en pocos siglos ha cambiado el mundo. Ha realizado sortilegios dignos del mago Merlín, milagros dignos de la resurrección de Lázaro. Y Copérnico, Galileo, Newton, Darwin, Pasteur, Einstein (digo los primeros nombres que se me ocurren) no eran precisamente secuaces de Mahoma. ¿O me equivoco? El motor, el telégrafo, la electricidad, el radio, la radio, el teléfono, la televisión no se deben precisamente a los mullah y a los ayatollah. ¿O me equivoco? El barco de vapor, el tren, el automóvil, el avión, las naves espaciales con las cuales hemos ido a la Luna o a Marte y en el futuro iremos Dios sabe dónde, lo mismo. ¿O me equivoco? Los trasplantes de corazón, de hígado, de pulsmón, de ojos, los tratamientos para el cáncer, el descubrimiento del genoma, ídem. ¿O me equivoco? Y aunque todo eso fuese algo para tirar a la basura (cosa que no creo) dime: detrás de la otra cultura, la cultura de los barbudos con la sotana y el turbante, ¿qué hay?

Busca, busca, no encuentro más que a ese Mahoma con ese Corán escrito plagiando la Biblia y la Torah y el Nuevo Testamento, y la filosofía helénica. No encuentro más que Averroes con sus méritos de estudioso (los «Comentarios» sobre Aristóteles, etcétera), y el Omar Khayyām con sus poesías. Arafat añadiría las matemáticas. De nuevo vociferando y escupiendo saliva, en 1972 ese charlatán me dijo que su cultura era superior a la mía. (Como ves, él puede utilizar la palabra «superior».) Dijo que lo era porque sus antepasados habían inventado los números y las matemáticas. El problema es que, además de una inteligencia muy débil, Arafat tiene poca memoria. Por eso cambia de idea y se desdice cada cinco minutos. Estimado señor Arafat (estimado por decir algo), sus antepasados no inventaron los números y las matemáticas. Inventaron la grafía de los números que también nosotros, despreciables infieles, utilizamos. No inventaron, no, las matemáticas. Las matemáticas nacieron más o menos al mismo tiempo en todas las antiguas civilizaciones, señor. En la Mesopotamia, en Grecia, en la India, en China, en Arabia, en Egipto, en la tierra de los mayas... Antes de abrir la boca, infórmese. Aprenderá que sus antepasados nos han dejado solamente unas cuantas hermosas mezquitas, unos cuantos hermosos edificios en España (por ejemplo, la Alhambra), y un Corán con el cual hace mil cuatrocientos años atormentan más que los cristianos con los Evangelios y los hebreos con la Torah. Y aclarado este punto, veamos cuáles son los méritos y virtudes de ese libro que las cigarras respetan más que «Das Kapital». ¿Méritos y virtudes? Desde que los hijos de Alá han destruido las Torres, las Cigarras se enronquecen para asegurarme que el Corán predica la paz y la fraternidad y la justicia. (Me lo asegura hasta Bush, pobre Bush, que con sus veinticuatro millones de norteamericanos árabe-musulmanes tiene que ser diplomático.) Pero dígame, en nombre de la lógica, dígame: si este Corán es tan justo y fraternal y pacífico, ¿cómo se explica la historia del Ojo-por-Ojo-y-Diente-por-Diente? ¿Cómo se explica la historia del chador y del burkah, o sea la sábana que cubre el rostro de las musulmanas más desgraciadas, de manera que para echar un vistazo al prójimo las infelices deben mirar a través de una minúscula rejilla colocada cerca de los ojos? ¿Cómo se explica la poligamia y el principio de que las mujeres cuentan menos que los camellos, que no pueden ir a la escuela, no pueden ir al médico, no pueden hacerse fotografías, etcétera, etcétera? ¿Cómo se explica el veto a las bebidas alcohólicas y la pena de muerte (¡de muerte!) para quien las consume? ¿Cómo se explica la historia de las adúlteras lapidadas o decapitadas? (Los adúlteros, no.) ¿Cómo se explica la historia de los ladrones a los que en Arabia Saudí les cortan la mano? (Al primer robo, la mano izquierda. Al segundo, la derecha. Al tercero, quién sabe.) También esto está en el Sacro Libro: ¡¿sí o no?! Está, sí, y no me parece tan justo. No me parece tan fraternal, no me parece tan pacífico. No me parece ni siquiera muy inteligente. Y a propósito de inteligencia: ¿es verdad que en Europa los actuales líderes de la izquierda o de lo que llaman izquierda no quieren oír lo que digo? ¿Es verdad que al oírlo montan en cólera, berrean inaceptable-inaceptable? ¿Por qué? ¿Se han convertido todos al Islam? ¿En lugar de frecuentar las Casas del Pueblo ahora frecuentan las mezquitas? ¿O bien berrean tonterías para solidarizarse con un Papa que condena el divorcio, absuelve a los kamikazes palestinos, pide perdón a quien le robó el Santo Sepulcro? ¡Bah! Tenía razón mi tío Bruno cuando decía: «Italia, que no tuvo Reforma, es el país que ha vivido y vive más intensamente la Contrarreforma».

Aquí está, pues, mi respuesta a tu pregunta sobre el Contraste-entre-las-Dos-Culturas. En el mundo hay sitio para todos. En la propia casa cada uno hace lo que le gusta. Y si en algunos países las mujeres son tan cretinas que toleran el chador y el burkah, peor para ellas. Si son tan tontas que aceptan no ir a la escuela, no ir al médico, no dejarse fotografiar, etcétera, etcétera, peor para ellas. Si son tan necias que aceptan casarse con un maníaco sexual que necesita cuatro mujeres, peor para ellas. Si sus hombres son tan bobos que no beben cerveza o vino (pero fuera de los países musulmanes se emborrachan), ídem. No seré yo quien se lo impida. He sido educada en la libertad, yo, y mi madre repetía siempre: «El mundo es hermoso porque es variado». Pero si pretenden imponer las barbaridades de su vida a la mía, si las monstruosidades de su Corán osan imponerlas en mi país... Lo pretenden. Osama bin Laden ha declarado muchas veces que toda la Tierra debe ser musulmana, que todos debemos convertirnos al Islam, que por las buenas o por las malas él nos convertirá, que con esa intención nos masacra y nos masacrará. Y eso no me gusta nada. No me puede gustar a mí ni a ustedes, hipócritas defensores del Islam. No me gusta y me dan ganas de invertir los papeles, de matarlo a él. La tragedia es que el problema no se resuelve con la muerte de Osama bin Laden. Porque los Osamas bin Laden son decenas de miles y no están sólo en los países musulmanes. Están por doquier, y los más aguerridos están precisamente en Europa. La Cruzada al Revés dura desde hace demasiado tiempo, amigo mío. Y seducida por nuestro bienestar, nuestras comodidades, nuestras oportunidades, alentada por la flaqueza y la incapacidad de nuestros gobernantes, sostenida por los cálculos de la Iglesia católica y por oportunismos de la soi-disant izquierda, protegida por nuestras leyes complacientes, nuestro liberalismo, nuestro pietismo, nuestro (su) miedo, avanza inexorablemente. Avanza sin cimitarras, esta vez. Sin picas, sin banderas, sin caballos árabes. Pero los soldados que la componen son belicosos como su antepasados, es decir, los moros que hasta el siglo XV dominaron España y Portugal. Como sus antepasados ocupan nuestras ciudades, nuestras calles, nuestras casas, nuestras escuelas. Y a través de nuestra tecnología, nuestras computadoras, nuestros Internets, nuestros teléfonos móviles se infiltran dentro de los ganglios de nuestra civilización. Preparan las futuras oleadas. Los quince millones de musulmanes que hoy viven en Europa (¡quince!) son solamente los pioneros de las futuras oleadas. Y créeme: vendrán cada vez más. Exigirán cada vez más. Pues negociar con ellos es imposible. Razonar con ellos, impensable. Tratarlos con indulgencia o tolerancia o esperanza, un suicidio. Y cualquiera que piense lo contrario es un pobre tonto.

* * *

Te lo dice una que a ese tipo de fanatismo lo ha conocido bastante bien. En Irán, en Irak, en Pakistán, en Bangladesh, en Arabia Saudí, en Kuwait, en Libia, en Jordania, en Líbano, y en su propio país. O sea, en Italia. Lo ha conocido y, aun a través de episodios grotescos, con desoladoras confirmaciones. Yo no olvidaré nunca lo que me pasó en la embajada iraní de Roma cuando solicité el visado para ir a Teherán (entrevista a Jomeini), y me presenté con las uñas pintadas de rojo. Según su juicio, un signo de inmoralidad. Un delito por el que en los países más fundamentalistas te cortan los dedos. Con voz increpante me intimaron a quitarme inmediatamente aquel rojo, y si les hubiese contestado lo que a mí me habría gustado quitarles o sea cortarles a ellos, me habrían castigado en mi propio país. No olvidaré tampoco lo que me pasó en Qom, la ciudad santa de Jomeini, donde como mujer fui rechazada en todos los hoteles. ¡Todos! Para entrevistar a Jomeini tuve que ponerme el chador, para ponerme el chador debía quitarme los vaqueros, para quitarme los vaqueros tuve que aislarme, y naturalmente habría sido normal hacer esto en el coche con el cual había llegado a Teherán. Pero el intérprete me lo impidió. «Usted está loca señora, está loca. Nos fusilarían a los dos.» Así, de rechazo en rechazo, llegamos al ex Palacio Real donde un guardia caritativo nos hospedó. Nos prestó la que fuera sala del trono, una sala donde me parecía ser la Virgen que, para dar a luz al niño Jesús, se refugia con José en el establo caldeado por el asno y el buey. ¿Y sabes qué sucedió? Sucedió que, como a un hombre y a una mujer no casados entre ellos el Corán les prohíbe que estén detrás de una puerta cerrada, de repente la puerta de la sala se abrió. El Controlador de la Moralidad (un mullah muy riguroso) irrumpió gritando vergüenza-vergüenza, escándalo-escándalo, y había una sola manera de no terminar fusilados: casarse. Firmar el acta de matrimonio temporal (cuatro meses) que el mullah nos venteaba sobre la cara, casarse. El problema es que el intérprete tenía una mujer española. Una tal Consuelo que de ningún modo estaba dispuesta a aceptar la poligamia. Y yo no quería casarme con nadie. Mucho menos con un iraní que tenía una mujer española y de ningún modo estaba dispuesta a aceptar la poligamia. Al mismo tiempo tampoco quería acabar fusilada, o sea perder la entrevista con Jomeini; en ese dilema me debatía, y...

Te ríes, ¿verdad? Te parecen chascarrillos, anécdotas, ¿verdad? Entonces el final de este episodio no te lo cuento: te dejo con la curiosidad de saber si me casé o no con el intérprete. Y para hacerte llorar te cuento la historia de los doce jóvenes impuros (lo que habían hecho de impuro nunca se ha sabido) que terminada la guerra de Bangladesh vi ajusticiar en Dacca. Los ajusticiaron en el estadio de Dacca, a golpes de bayoneta en el tórax y en el vientre, y ante los ojos de veinte mil fieles que desde las tribunas aplaudían en nombre de Alá. «Allah-akbar, Dios es grande, Allah-akbar.» Lo sé, lo sé... En el Coliseo los antiguos romanos, esos romanos de los que mi cultura se siente tan orgullosa, se divertían viendo a los cristianos devorados por los leones. Lo sé, lo sé... En todos los países de Europa los católicos, esos católicos a los cuales y aunque de mala gana reconozco la contribución dada a la historia del pensamiento, se divertían viendo quemar a los herejes. Pero ha transcurrido mucho tiempo desde entonces. En ese mucho tiempo nos hemos vuelto un poco más civilizados, y también los hijos de Alá deberían haber comprendido que ciertas cosas ya no se hacen. Después de los doce jóvenes impuros mataron a un muchacho que, para salvar a uno de ellos, su hermano, se arrojó sobre los verdugos. Por-favor-no, por-favor-no. Le aplastaron la cabeza, al muchacho. A fuerza de patadas. Si no me crees, relee mi reportaje o los reportajes de los periodistas franceses y alemanes e ingleses que estaban conmigo. O mejor, mira las fotografías sacadas por uno de ellos. El alemán. De todos modos lo que ahora quiero subrayar es que, concluida la carnicería, los veinte mil fieles (muchas mujeres) abandonaron las tribunas y bajaron al campo. Y no de manera apresurada, desordenada: no. De manera ordenada, solemne. Lentamente formaron un cortejo y siempre salmodiando Allah-akbar, Allah-akbar, pasaron sobre los cadáveres. Los redujeron a una alfombra sangrienta de huesos aplastados, los destruyeron como a las Torres de Nueva York. ¡Ah! Podría continuar hasta el infinito con esas historias. Podría contarte cosas que nunca he narrado, que nunca he publicado. Porque, ¿sabes cuál es el problema de la gente como yo, o sea de la gente que ha visto demasiado? Es que en cierto momento uno se acostumbra a las infamias, y al narrarlas le parece masticar cosas ya masticadas. Tediosas. Así, las encierras en un cajón privado de la memoria. Sobre las infamias de la poligamia recomendada por el Corán y nunca condenadas por las cigarras, por ejemplo, podría contarte lo que me contó, en Karachi, Ali Bhutto: el estadista paquistaní que fue ahorcado por su adversario extremista, el siniestro general Zi. Conocí bien a Ali Bhutto. Para entrevistarlo estuve casi quince días en su casa de Karachi. Y una tarde, sin que se lo pidiese, me contó la historia de su primer matrimonio. Un matrimonio celebrado contra su voluntad cuando tenía menos de trece años. Por esposa, una pariente ya adulta. Me lo contó llorando. Las lágrimas resbalaban hasta sus labios y cada vez las lamía más deprisa. Luego se arrepintió. Me pidió que omitiera los detalles más personales y yo lo hice porque siempre he sentido un gran respeto por la vida privada de la gente. Escuchar sus asuntos personales siempre me ha angustiado. (Recuerdo con qué impulso interrumpí una vez a Golda Meir que, ella también sin que yo la instigara, estaba revelándome detalles de su infeliz vida matrimonial: «¿Golda, está segura de querer contarme ese tipo de cosas?».) Algunos años después, empero, encontré nuevamente a Bhutto. En un hotel de Roma, casualmente. Me llevó a comer, durante la comida me habló de la entrevista ahora publicada también en un libro, y de repente exclamó: «Sabe, me equivoqué al pedirle que omitiera los detalles de mi primer matrimonio. Un día debería escribir la historia completa». Y la historia completa va más allá del chantaje que el niño de trece años había padecido para casarse con la pariente adulta: «Si te portas bien, si consumas el matrimonio, te regalaremos un par de patines». (¿O palos de críquet? No recuerdo bien.) E incluye el banquete en el cual por ser mujer, es decir, una criatura inferior, la esposa no pudo participar... Y sobre todo incluye la noche en la que el matrimonio impuesto con el chantaje de los patines o los palos de críquet habría debido ser consumado. «No lo consumamos... Yo era realmente un niño, no sabía cómo empezar y en lugar de ayudarme ella lloraba. Lloraba, lloraba y en consecuencia yo también me puse a llorar. Lloré hasta cansarme, luego me adormecí, y al día siguiente la dejé para ir a estudiar a un colegio inglés. La volví a ver sólo después de mi segundo matrimonio, cuando estaba ya enamorado de mi segunda mujer y... ¿Cómo explicarlo? Yo no soy un cultivador de la castidad: con frecuencia me acusan de ser un mujeriego. Pero con mi primera mujer no tuve hijos... quiero decir: nunca la puse en condiciones de tener hijos... ¿Me explico? A pesar de su gracia y de su belleza el recuerdo de aquella noche me impidió siempre consumar el matrimonio, nunca fui capaz... Y cuando voy a visitarla a la ciudad de Larkana, donde vive sola como un perro abandonado y donde morirá sin haber jamás tocado a un hombre porque, si toca a un hombre, comete adulterio y acaba decapitada o lapidada, me avergüenzo de mí mismo y de mi religión. Es una institución abyecta, la poligamia. Es una costumbre despreciable, el matrimonio apañado...» (Aquí está, Bhutto. En cualquier sitio en donde usted se encuentre, y paciencia si no es más que bajo tierra, sepa que ahora su triste historia la he escrito entera.)

* * *

Especialmente sobre el desprecio con el cual los musulmanes tratan a las mujeres, tengo ejemplos a montones, querido sostenedor de Las-Dos-Culturas... Piensa que en 1973, durante un bombardeo israelí, los fidaynes palestinos de una base secreta en Jordania me encerraron bajo llave dentro de un depósito lleno de explosivos. Luego se refugiaron riendo en un sólido búnker, ¿y sabes por qué? Porque así como la primera esposa de Bhutto no era digna de participar en su banquete nupcial, yo no era digna de refugiarme en un lugar ocupado por hombres. Además porque la idea de encerrarme dentro de un depósito lleno de explosivos y quizá verme saltar en el aire los divertía... (Cuando le conté la historia a Hussein, el rey de Jordania, se enfadó más que un tigre. «¡En mi país, en mi reino, malvados, malvados!», jadeaba. El hecho es que Hussein era un hombre civilizado, y en mi opinión tan musulmán como yo soy católica. Todavía hoy me pregunto si realmente rezaba a Alá...) Pero mis ejemplos no serían suficientes. Comparados con las crueldades que los hijos de Alá infligen a sus mujeres parecen minucias y, para poner en duda tu tesis de Las-Dos-Culturas, quiero hablarte sobre el documental que ayer vi en televisión. Un documental rodado en el Afganistán de los Talibanes por una óptima periodista angloafgana de la cual me impresiona la voz suave y triste, el rostro afligido y decidido, y tan horripilante que me encontré desprevenida a pesar de los titulares: «We warn our spectators. Advertimos a nuestros espectadores. This program contains very disturbing images. Este programa contiene imágenes muy perturbadoras».

¿Lo han dado en Europa? Bueno, lo hayan dado o no, te digo cuáles son las imágenes perturbadoras. Son las que muestran la ejecución de tres mujeres culpables de no se sabe qué. Una ejecución que tiene lugar en la plaza central de Kabul, o mejor en el desolado aparcamiento de la plaza. Y aquí de improviso irrumpe un pequeño camión del cual bajan tres fardos (tres mujeres) embozadas en el maldito sudario llamado burkah. El burkah de la primera mujer es marrón. El de la segunda, blanco. El de la tercera, gris. La mujer del burkah marrón está claramente aterrorizada. Se tambalea, no se mantiene en pie. La mujer del burkah blanco camina con paso perdido, como si temiese tropezar y hacerse daño. La mujer del burkah gris, muy pequeña y menuda, camina en cambio con paso seguro y después de algunos metros se detiene. Hace el gesto de sostener a sus compañeras, animarlas, pero un barbudo con sotana y turbante interviene bruscamente y las separa. A empujones las obliga a arrodillarse sobre el asfalto. Todo sucede mientras los transeúntes cruzan la plaza, comen dátiles, bostezan, se meten los dedos en la nariz como si el drama no tuviese nada que ver con ellos. Sólo uno, al fondo, observa con cierta curiosidad o deleite. La ejecución se desarrolla con rapidez. Sin lecturas de sentencia, sin tambores, sin pelotones militares; en suma, sin ceremonias o pretextos de solemnidad. Las tres mujeres apenas se han arrodillado sobre el asfalto cuando el verdugo, él también barbudo con sotana y turbante, aparece de no se sabe dónde con una metralleta en la mano derecha. La lleva como si fuese la bolsa de las compras. Caminando torpe, aburrido, moviéndose como si repitiese gestos habituales y cotidianos, se dirige hacia ellas, que esperan inmóviles y que en esa inmovilidad no parecen seres humanos. Parecen fardos abandonados. Las alcanza por la espalda y sin demora, tomándote por sorpresa, dispara a quemarropa en la nuca de la mujer con el burkah marrón, que al instante cae sobre su cara. Fulminada. Luego, siempre torpe y aburrido, se desplaza un poco hacia la izquierda y dispara en la nuca de la mujer con el burkah blanco, que cae de la misma manera. También sobre su propia cara. Fulminada. Luego, siempre torpe y aburrido, se desplaza un poco más en la misma dirección. Se detiene un momento, se rasca los genitales, dispara en la nuca de la mujer con el burkah gris, que en lugar de caer permanece un largo minuto arrodillada y con el busto erguido. Orgullosamente erguido. Al fin se derrumba sobre el flanco y con un último gesto de rebeldía se levanta un borde del burkah para mostrar las piernas. Pero él las cubre tranquilo, imperturbable, y llama a los sepultureros que sin demora agarran los cadáveres por los pies. Dejando sobre el asfalto tres largas hileras de sangre los arrastran como si fueran tres bolsas de basura, y en la pantalla del televisor aparece el ministro de Justicia, señor Wakil Motawakil. (Sí, anoté el nombre. La vida reserva a menudo oportunidades imprevisibles y quién sabe... Un día podría encontrármelo en una calle desierta, y antes de matarlo podría sentir el deseo de verificar su identidad. «Are you, es usted, Mister Wakil Motawakil?»)

Es un cerdo de unos treinta o cuarenta años Mister Wakil Motawakil, muy gordo, muy enturbantado, muy bigotudo, y con una estridente voz de castrado. Hablando de las tres mujeres se regodea de contento, tremblequea como una montaña de gelatina, y chilla: «This is a very joyful day, este es un día de gran felicidad. Today we gave back peace and security to our city. Hoy hemos restituido la paz y la seguridad de nuestra ciudad». Pero no dice de qué modo las tres mujeres habían quitado paz y seguridad a la ciudad, por qué culpa o delito han sido condenadas y ajusticiadas. ¿Se habían quitado el burkah para sonarse la nariz o para beber un vaso de agua? ¿Habían tal vez desafiado la prohibición de cantar entonando una nana a sus niños? A menos que hubiesen cometido el peor de todos los delitos: reírse. (Sí, señor: reírse. He dicho reírse. ¿No saben que en el Afganistán de los Talibanes las mujeres no pueden reírse, que a las mujeres les está también prohibido reírse?) Esas preguntas me ahogan hasta que, desvanecido Wakil Motawakil, en la pantalla del televisor aparece una salita llena de mujeres sin burkah. Muchachas con el rostro descubierto, los brazos desnudos, el traje escotado. Chicas que se hacen bucles, se maquillan los ojos, se pintan los labios, se pintan las uñas de rojo... Y todas se ríen con insolencia, provocación. Así concluyo que ya no estamos en Afganistán, que la joven periodista angloafgana ha regresado a Londres donde quiere consolarnos con un final impregnado de esperanza, y respiro aliviada. Liberada.

Error. Estamos todavía en Kabul, y la periodista está tan nerviosa que su voz suave suena ronca, estrangulada. Con esa voz ronca, estrangulada, susurra más o menos estas palabras: «Para filmar lo que ustedes ven, mi equipo y yo corremos un gran riesgo. Nos encontramos, de hecho, en uno de los lugares más prohibidos de la ciudad: un sitio clandestino, peligrosísimo. Un símbolo de la Resistencia al régimen de los Talibanes. Una peluquería». Entonces, con un escalofrío, recuerdo el mal que, sin darme cuenta, en 1980 le hice a un iraní de Teherán cuya peluquería «Chez Bashir-Coiffeur pour Dames» había sido cerrada por el gobierno de Jomeini como Lugar de Perdición y de Pecado. Porque, sabiendo que él era mi devoto lector, que coleccionaba mis libros en Farsi, lo llamé y… «Bashir, tengo que lavarme la cabeza y en mi habitación no tengo agua caliente. Por favor, ábreme tu peluquería.» Pobre Bashir. Sacando los sellos y dejándome entrar en el local vacío, temblaba como un perro mojado. Decía: «¡Usted no sabe a qué me expone y se expone, Señora! Si alguien nos descubre, yo acabo en la cárcel y usted conmigo». Aquel día nadie nos descubrió. Pero ocho meses después, cuando volví a Teherán (otra fea historia de la cual nunca he hablado), lo busqué y me dijeron: «¿No sabe? Alguien vio los sellos rotos y habló. Lo arrestaron y está todavía en prisión».

Recuerdo, sí, y comprendo que las tres mujeres de Kabul han sido asesinadas porque fueron a una peluquería. Comprendo que se trataba de tres combatientes, de tres heroínas, y dime: ¿es ésta la cultura a la que te refieres cuando hablas de Contraste-entre-las-Dos-Culturas? Ah, no, señor mío, no. Distraída por mi amor a la Libertad poco antes he dicho que en el mundo hay sitio para todos, que mi madre decía el-mundo-es-hermoso-porque-es-variado: si algunas mujeres son tan estúpidas y aceptan ciertas infamias, peor para ellas. Lo-importante-es-que-ciertas-infamias-no-me-las-impongan-a-mí. Pero he dicho una cosa injusta. Porque haciendo este razonamiento he olvidado que la Libertad escindida de la Justicia es una libertad a medias, que defender su propia libertad y basta es una ofensa a la Justicia. E implorando el perdón de las tres heroínas, de todas las mujeres ajusticiadas torturadas humilladas o arruinadas por los hijos de Alá, arruinadas hasta el punto de unirse al cortejo que pisoteaba a los muertos del estadio de Dacca, declaro que este asunto me concierne por completo. Nos concierne a todos, señores y señoras Cigarras, y...

A las cigarras de sexo masculino, o sea a los

hipócritas que nunca pronuncian una palabra contra el burkah, nunca mueven un dedo contra los nuevos nazis de la Tierra, no tengo nada que decirles. Los abusos que el Corán dicta o permite a costa de las mujeres no forman parte de su interpretación del Progreso o de la Justicia. Muy probablemente alimentan una secreta envidia por los Wakil Motawakil (afortunado-él-que-las-puede-ajusticiar), y por lo demás sabemos que muchos de ellos pegan a sus mujeres. A las cigarras homosexuales, lo mismo. Devorados por la rabia de no ser del todo hembras, aborrecen también a las pobrecitas que desdichadamente los trajeron al mundo y en las mujeres no ven más que un óvulo para clonar su incierta especie. A las cigarras del sexo femenino, o sea a las feministas de mala memoria, por el contrario, tengo algo que decirles y aquí está. Fuera la máscara, falsas amazonas. ¿Recuerdan cuando, en lugar de atribuirme el mérito de haber allanado su camino, de haber demostrado que una mujer puede hacer cualquier trabajo como un hombre o mejor que un hombre, me cubrían de insultos? ¿Recuerdan cuando, en lugar de tomarme como ejemplo, me calificaban de puerca-machista, cerda-machista, y me lapidaban porque había escrito el libro titulado *Carta a un niño que nunca nació*? («Feo, feo, no hay nada más feo. Durará sólo un verano.» Y también: «Ésa tiene el útero en el cerebro».) Y bien, ¿dónde ha terminado su rencoroso feminismo? ¿Dónde ha terminado su presunta belicosidad? ¿Cómo es que ante las mujeres afganas, ante las criaturas asesinadas torturadas humilladas por los cerdos-machistas con la sotana y el turbante, imitan el silencio de sus varoncitos? ¿Cómo es que nunca van a ladrar ante la embajada de Afganistán o de Arabia Saudí o de cualquier otro país musulmán? ¿Están todas enamoradas de ese Osama bin Laden, de sus ojos de Torquemada o de lo que tiene debajo de su sotana? ¿Lo consideran romántico, les gustaría ser violadas por él? ¿O no les importan las mujeres musulmanas porque las consideran inferiores? En ese caso, quién es racista: ¿yo o ustedes? La verdad es que no son siquiera cigarras. Son y siempre han sido gallinas capaces tan sólo de cacarear en el gallinero. Coccodè-coccodè-coccodè. Gallinas que para sobrevivir necesitan la protección de un gallito.

Stop. Y ahora déjame exponer la conclusión de mi razonamiento.

* * *

Cuando me desespero, no siempre veo las apocalípticas escenas por las que he empezado el discurso. Los cuerpos que caen a docenas por las ventanas de los pisos ochenta y noventa y cien, la primera Torre que implosiona y se engulle a sí misma, la segunda que se funde como si fuese una barra de manteca... A veces sobre las imágenes de las dos Torres que ya no existen se superponen las de los dos milenarios Budas que el régimen Talibán destruyó en Afganistán en marzo de 2001. Así, las dos Torres y los dos Budas se entrelazan, se unen. Se convierten en la misma cosa y pienso: ¿se ha olvidado la gente de ese crimen? Yo, no. De hecho, cuando miro la pareja de pequeños budas que tengo en mi casa de Nueva York y que un viejo monje perseguido por los Khmer rojos me regaló en Pnomh Penh durante la guerra de Camboya, mi corazón se encoge. Y en lugar de los pequeños budas veo los inmensos Budas que engastados en la roca estaban en el valle de Bamiyán: el sitio por el cual hace miles y miles de años transitaban las caravanas provenientes del Imperio Romano y que se dirigían a Extremo Oriente y viceversa. La encrucijada por la cual pasaba la legendaria Ruta de la Seda: amalgama de todas las culturas. (Culturas de verdad.) Los veo porque de ellos lo sé todo. Que el más antiguo (siglo III) medía treinta y cinco metros de altura; el otro (siglo IV), casi cincuenta y cuatro. Que ambos tenían el dorso pegado a la roca y estaban cubiertos de estuco policromado. Rojo, amarillo, azul, verde, violeta. Que tenían el rostro y las manos pintadas de oro, de tal forma que al sol brillaban de manera deslumbrante, y parecían mastodónticas joyas. Que en el interior de los nichos, ahora vacíos como órbitas vacías, las paredes lisas contenían frescos exquisitos y aún intactos...

Mi corazón se encoge porque a las obras de arte yo les dedico el mismo culto que los musulmanes le dedican a la tumba de Mahoma. Para mí una obra de arte es tan sacra como para ellos es sacra La Meca. Y cuanto más antigua, más sacra. Además, para mí cada objeto del Pasado es sacro. Un fósil, una terracota, una monedita, cualquier testimonio de lo que fuimos e hicimos. El Pasado inflama mi curiosidad más que el Futuro y nunca me cansaré de decir que el futuro es una hipótesis, una conjetura, una suposición. Una no realidad. A lo máximo, una esperanza a la cual intentamos dar cuerpo con los sueños y las fantasías. El Pasado, por el contrario, es una certeza. Una concreción, una realidad establecida. Y una escuela de la que no se prescinde porque si no se conoce el Pasado no se comprende el

Presente, no se puede influir o tratar de influir en el Futuro con los sueños y las fantasías. Además, cada objeto sobreviviente del Pasado es sacro. Es precioso porque trae en sí mismo una ilusión de eternidad. Porque representa una victoria sobre el Tiempo que consume y deteriora y anula. Una derrota de la Muerte. Y como las Pirámides, como el Partenón, como el Coliseo, como una hermosa iglesia o una hermosa sinagoga o una hermosa mezquita o un árbol milenario, por ejemplo una milenaria secuoya de Sierra Nevada, los dos Budas de Bamiyán me daban esto. Y esos hijos de puta, esos Wakiles Motawakiles, me los han destruido. Me los han matado. Mi corazón se encoge también por la manera como me los han matado. Por la conciencia y la complacencia con las que han cometido la infamia. De hecho no los han matado en un ímpetu de locura, un imprevisto e incontrolable ataque de demencia. Lo que la ley llama «incapacidad de entender y querer». No se han comportado con la irracionalidad de los maoístas que en 1951 destruyeron Lhasa, irrumpieron en los monasterios, luego en el palacio del Dalai Lama, y como búfalos enloquecidos arrasaron los vestigios de aquella civilización. Quemaron los pergaminos milenarios, quebrantaron los altares, rasgaron las vestiduras de los monjes, y los budas de oro o de plata los fundieron para hacer lingotes: que la vergüenza los sofoque ad saecula saeculorum amén. La infamia de Lhasa, en efecto, no fue precedida por un proceso y una sentencia. No tuvo el carácter de una ejecución basada en normas o presuntas normas jurídicas. Además, y aquí está el meollo de la cuestión, ocurrió sin que nadie lo supiese ni pudiese intervenir para impedirlo. En el caso de los Budas de Bamiyán, al contrario, hubo un auténtico proceso. Hubo una auténtica sentencia, una ejecución basada en normas o presuntas normas jurídicas. Una infamia premeditada, pues. Razonada, intencionada, y ocurrida ante los ojos del mundo que se puso de rodillas para impedirlo. «Les rogamos, señores Talibanes. Les suplicamos, no lo hagan. Los monumentos arqueológicos son patrimonio universal y esos dos Budas no molestan a nadie.» Se pusieron de rodillas la ONU, la Unesco, la Unión Europea. Se pusieron de rodillas también los países vecinos o colindantes: Rusia, la India, Tailandia y la misma China que tenía sobre su conciencia el pecadillo de Lhasa. Pero no sirvió de nada y, ¿recuerdas el veredicto que la Corte Suprema del Tribunal Islámico de Kabul emitió el 26 de febrero de 2001? «Todas las estatuas preislámicas serán abatidas. Todos los símbolos preislámicos serán destruidos. Todos los ídolos condenados por el Profeta serán exterminados...» Fue el día que ese Tribunal autorizó los ahorcamientos públicos en los estadios y quitó a las mujeres los últimos derechos que les quedaban. (El derecho a reír. El derecho a llevar zapatos de tacón alto. El derecho a estar en casa sin las cortinas negras en las ventanas...) ¿Recuerdas las crueldades que ese día los dos Budas comenzaron a sufrir? ¿Las ráfagas de ametralladora que golpeaban las dos cabezas, las dos caras? Las mandíbulas que desaparecían, las mejillas que se partían. ¿Recuerdas las desvergonzadas declaraciones del ministro Qadratullah Jamal? «Como tememos que los cañones y las granadas y las toneladas de explosivos que hemos colocado a los pies de los ídolos no sean suficientes, hemos pedido la ayuda de expertos demoledores de un país amigo. Y como las cabezas y las piernas ya han sido derruidas, esperamos que en tres días la sentencia pueda ser completamente ejecutada.» (Por expertos-demoledores se entiende, creo, Osama bin Laden. Por país amigo, Pakistán.) Y, en fin, ¿recuerdas la ejecución definitiva? Aquellas detonaciones secas. Aquellas nubes enormes. Parecían las nubes que seis meses después se levantaron de las dos Torres de Nueva York. Y yo recordé a mi amigo Kon-dun.

* * *

117

Sabes, en 1968 entrevisté a un hombre adorable. El hombre más pacífico, más benigno, más tolerante, más sabio que jamás haya conocido en mi vida de trotamundos. El actual Dalai Lama, el tibetano que los budistas llaman el Buda Viviente. En aquel tiempo él tenía treinta y tres años, no muchos menos que yo, y desde hacía nueve era un soberano destronado, un papa o, mejor dicho, un dios en exilio. Como tal vivía en Dharamashala, pequeña ciudad cerca del Kashmir, donde el gobierno indio lo hospedaba junto a una docena de monjes y algunos miles de fieles que sobrevivieron a la bestialidad maoísta. Fue un largo, inolvidable encuentro. Un día entero permanecí con él en la modesta villa a los pies del Himalaya, de las blancas montañas, de los azules glaciares afilados como espadas, y en el armonioso jardín besado por el viento y las flores. Él, hablando. Yo, escuchando encantada su voz fresca y resonante. ¡Oh! Lo había comprendido a primera vista, mi joven dios, que su invitada era una mujer poco proclive a las reverencias. Una mujer sin divinidades. Sus ojos almendrados y aguzados por las lentes de sus gafas doradas me habían observado bien mientras llegaba. Y a pesar de eso me tuvo a su lado un día entero. Me trató como a una amiga, me cortejó con garbo e inocencia. Porque al cabo de algunas horas hizo una cosa que nunca he contado. Fue a cambiarse de ropa y en lugar del austero mantón amaranto con el cual se cubría el tórax desnudo, ¿adivinas qué se puso? Una T-shirt, una camiseta, con la imagen de Popeye. Sí, Brazo de Hierro, Popeye. El personaje de los cómics, el marinero que tiene siempre la pipa en la boca y devora siempre espinacas. Y cuando agotada por las risas le pregunté quién le había dado tal prenda y por qué se la había puesto, repuso seráfico: «La compré en el mercado de Nueva Delhi. Y me la he puesto para complacerla».

La entrevista fue preciosa. Me habló, por ejemplo, de su infancia sin preocupaciones y sin alegrías. Una infancia vivida sólo con los maestros y los libros, así que a los seis años ya estudiaba sánscrito y astrología y literatura. A los diez, dialéctica y metafísica y astronomía. A los doce, el arte de dirigir y gobernar... Me habló de su adolescencia infeliz. Una adolescencia gastada en el esfuerzo de llegar a ser un monje perfecto, dominar las tentaciones, sofocar los deseos. (Y para sofocarlos se iba al huerto de su cocinero, allí cultivaba coles gigantes. «Un metro de diámetro, ¿eh?») Me habló de su amor por la mecánica y la electricidad. Me confesó que si hubiese podido elegir una profesión, habría sido mecánico o electricista. «En Lhasa me gustaba mucho arreglar el generador eléctrico, desmontar los motores, volverlos a montar. En el garaje de palacio un día descubrí tres viejos automóviles regalados a mi predecesor, el decimotercer Dalai Lama. Eran dos Baby Austin del 1927, uno azul celeste, otro amarillo, y un Dodge naranja de 1931. Los tres, oxidados. Con gran trabajo los arreglé y aunque en Lhasa existiesen sólo veredas y senderos, aprendí a conducirlos.» Sin rencor me habló también de Mao Tse Tung que, con el pretexto de celebrar su décimo octavo cumpleaños, lo había invitado a Pekín y prácticamente secuestrado ocho meses. «Me dejé secuestrar con la esperanza de salvar el Tíbet y en cambio... Pobre Mao. Tenía algo triste, Mao. Algo que enternecía. Llevaba siempre los zapatos sucios, fumaba siempre un cigarrillo tras otro, y platicaba exclusivamente de marxismo. Una sola vez tocó el asunto del budismo, reconoció que era una buena religión. Pero nunca decía estupideces.» De nuevo, sin rencor o resentimiento, me habló también de las atrocidades que los maoístas habían cometido en el Tíbet. Los monasterios saqueados o quemados, los monjes torturados o degollados, los campesinos expulsados o masacrados. Y finalmente me habló de su propia huida. La huida de un joven monje que vestido como un soldado sale del palacio, se arrastra en la oscuridad, se mezcla con la gente aterrorizada y llega a la periferia de Lhasa. Aquí salta sobre un caballo y, perseguido por un avión chino que vuela a baja altura, galopa semanas y semanas. Se oculta en las cuevas y galopa. Se esconde en los matorrales y galopa. De pueblo en pueblo llega a la India donde el Pandit Nehru lo recibe generosamente, pero ahora es un rey sin reino. Un papa sin iglesia. Un dios sin Olimpo. Y puesto que sus seguidores se hallan esparcidos por la India y Nepal y el Sikkim, a su muerte será sustancialmente imposible buscar el sucesor: con muchas probabilidades estoy pasando un día con el último Dalai Lama. Así que en ese punto lo interrumpí, le pregunté: «Santidad, ¿podrá alguna vez perdonar a sus enemigos?». Me miró aturdido. Sorprendido, puede ser que ofendido, aturdido. Luego con aquella voz fresca y resonante, exclamó: «¿Enemigos? ¡Yo nunca los he considerado enemigos! ¡Yo no tengo enemigos! Un budista no tiene enemigos».

Sabes, a Dharamshala yo había llegado desde Vietnam. Y en Vietnam aquel año había vivido en mi piel la Ofensiva del Tet, la Ofensiva de Mayo, el asedio de Khe Sanh, la batalla de Hué. Venía de un mundo donde la palabra enemigo-enemy-enne-

121

mi-nemico se pronunciaba cada dos segundos. Formaba parte de nuestra vida, era un sonido como el sonido de nuestra respiración. Así, al oír las palabras yo-no-tengo-enemigos, un-budista-no-tiene-enemigos, sentí una especie de vértigo. Casi me enamoré de aquel joven dios con los ojos almendrados y la camiseta de Popeye, Brazo de Hierro. Cuando partí le di mis números de teléfono, exclamé: «Si viene a Florencia o a Nueva York llámeme, Santidad». Invitación a la cual repuso sonriente: «Lo haré a condición de que no me llame de nuevo Santidad. Mi nombre es Kon-dun». Luego nuestras vidas tomaron caminos totalmente distintos, totalmente alejados... Lo volví a ver solo en la televisión, donde noté que estaba envejeciendo como yo, nunca tuve la ocasión de llamarlo Kon-dun, y el perfume de la nostalgia lo sentí sólo el día en que un amigo me dijo: «He visto al Dalai Lama y me ha preguntado cómo estás». Pero aquellas palabras permanecieron en mi alma. Pensando en Kon-dun en estos años he leído sobre su religión y he averiguado que, contrariamente a los musulmanes que tienen el Ojo-por-Ojo-y-Diente-por-Diente, contrariamente a los cristianos que hablan siempre de perdón pero han inventado la historia del Infierno, los budistas no pronuncian jamás el vocablo «enemigo». No quieren jamás la venganza, creen de verdad en el perdón. He averiguado que jamás han hecho prosélitos con la violencia, jamás han hecho conquistas territoriales en nombre de Buda, y el concepto de Guerra Santa ni siquiera lo comprenden. Algunos críticos lo desmienten. Niegan que el budismo sea una religión pacífica y sostienen su tesis poniendo cual ejemplo a los antiguos monjes guerreros de Japón. De acuerdo: cada familia tiene gente de mal carácter. Pero además, esos críticos reconocen que el mal carácter de los monjes guerreros nunca fue empleado para hacer prosélitos, y admiten que en la historia del budismo no hay feroces Saladinos. No hay papas como León IX o Urbano II o Inocencio II o Pío II o Julio II, es decir, Dalai Lamas que con la armadura y la espada guíen a la soldadesca y en nombre de Buda maten al prójimo. No obstante eso, los hijos de Alá también atormentan a los budistas. Hacen saltar por los aires sus estatuas, les impiden practicar su religión. Pues pregunto: ¿a quién le toca, a quién le tocará, ahora que los Budas de Bamiyán han sido destruidos como los rascacielos de Nueva York? ¿Quieren solamente la conquista de Occidente los hijos de Alá?

La cuestión vale incluso si Osama bin Laden se convierte al budismo y los Talibanes se vuelven liberales. Porque Osama bin Laden y los Talibanes, no me cansaré nunca de repetirlo, son sólo la más reciente manifestación de una realidad que existe desde hace mil cuatrocientos años y que en nuestra época se manifiesta desde hace por lo menos veinte años. Querido mío, hace veinte años yo he visto a los hijos de Alá que sin Osama bin Laden conducían a la Guerra Santa. Los he visto destruir las iglesias, quemar los crucifijos, ensuciar las Madonas, orinar contra los altares y transformarlos en cagaderos. Los he visto en Beirut. Aquella Beirut que era tan civilizada y que hoy, por su culpa, no existe más. Aquella Beirut donde habían sido acogidos por los libaneses como los tibetanos habían sido acogidos por los indios de Dharamashala y donde, contrariamente a los tibetanos de mi Kon-dun, se habían apropiado de la ciudad y luego del país entero. Dirigidos por ese Arafat que hoy se hace la víctima, que descaradamente reniega de su pasado (y de su presente) de terrorista, habían construido un Estado dentro del Estado y robado el Líbano a los libaneses. Si no lo recuerdas, hojea los periódicos o relee mi *Insciallah*. Es una novela, sí, pero construida sobre una verdad histórica que miles de personas han vivido y que centenares de periodistas han narrado en todas las lenguas. La historia no se puede borrar. Se puede falsear como el Big Brother, el Gran Hermano de la novela de Orwell, y como Arafat. Se puede ignorar, se puede olvidar, como lo hacen los incultos y los hipócritas con mala fe. Pero no se puede borrar. Y a propósito de quien, en la soi-disant izquierda, finge ignorarla u olvidarla: ¿nadie se acuerda del santo eslogan lanzado por Lenin, «La religión es el opio de los pueblos»? ¿Nadie tiene en cuenta que todos los países islámicos tienen un régimen teocrático, que todos son copias o aspirantes a copias de Afganistán y de Irán? ¡Por Dios, no hay ni un solo país islámico que esté gobernado de forma democrática o, al menos, laica! ¡Incluso aquellos sojuzgados por una dictadura militar como Irak y Libia y Pakistán, incluso aquellos tiranizados por una monarquía absolutista como Arabia Saudí y Yemen, hasta aquellos regidos por una monarquía más razonable como Jordania o Marruecos, todos están bajo el yugo de una religión que regula cada momento y cada aspecto de sus vidas! Dígame, pues: ¿por qué estos olvidadizos o falsamente olvidadizos se irritan tanto con los sionistas de Israel? ¿Por qué, y en base a qué derecho, condenan a los sionistas con el sombrero negro y la barba y los tirabuzones à la Dame aux Camélias? ¡Ese derecho lo tengo yo que soy laica y que con sólo oír la palabra

Estado teocrático me estremezco! ¡No lo tienen los tibias de santos de la falsa izquierda, los explotadores y traidores de la palabra Progreso! Mírenme a los ojos, cigarras de lujo y de no lujo: ¿adónde ha ido a parar su laicismo? ¿Adónde ha ido el Sol del Porvenir, la libertad, la justicia, la repulsa de la injerencia ejercitada por las autoridades eclesiásticas en la vida del ciudadano? La tolerancia religiosa, primer punto de todos los principios civiles, no anula el laicismo. Al contrario, es el laicismo que la garantiza. ¿Sí o no? Y con eso pasamos a Italia. Cosa que no gustará a muchos porque en Italia, o mejor en Europa, defender la propia cultura se ha convertido en un pecado mortal.

* * *

Yo no voy a levantar tiendas a La Meca. No voy a cantar padrenuestros y avemarías ante la tumba de Mahoma. Yo no hago pipí en los mármoles de sus mezquitas. Y mucho menos caca. Cuando estoy en aquellos países (de lo que no saco ningún placer), nunca me olvido de que soy una huésped y una extranjera. Presto mucha atención a no ofenderlos con ropa o gestos o actitudes que para mí son normales y para ellos inadmisibles. Los trato con el debido respeto, con la debida cortesía, me disculpo si por descuido o ignorancia infrinjo alguna norma suya o alguna superstición. Y mientras la imagen de los dos rascacielos destruidos se mezcla con la imagen de los dos Budas asesinados, veo también aquella (no apocalíptica pero, para mí, simbólica) de la gran tienda con la que, hace dos veranos, los musulmanes somalíes (Somalia tiene una gran familiaridad con Bin Laden, ¿recuerdas?) destrozaron y ensuciaron y ultrajaron la plaza del Duomo de Florencia durante más de tres meses. Mi ciudad.

Una tienda levantada para reprobar condenar insultar al gobierno italiano (en aquel tiempo un gobierno de izquierdas) que por una vez titubeaba tanto en renovarles los pasaportes necesarios para pasearse por Europa y traer a Italia las hordas de sus parientes. Madres, padres, abuelos, hermanos, hermanas, tíos, tías, primos, primas, cuñadas embarazadas, y los parientes de los parientes. Una tienda situada cerca del palacio del Arzobispado sobre cuyas aceras alineaban los zapatos o las babuchas que en su país dejan fuera de las mezquitas. Y, junto a los zapatos o las babuchas, las botellas de agua mineral con las cuales se lavaban los pies antes de la oración. Una tienda colocada frente a la catedral de Santa María del Fiore y al lado del Baptisterio, las puertas de oro esculpidas por Ghiberti. Una tienda, en fin, decorada como un departamento. Sillas, mesitas, chaise-longues, colchones para dormir y para coger, hornillos para cocer la comida, o sea para apestar la plaza con el humo y el mal olor. Y, gracias a la habitual blandura de la municipalidad, provista de luz eléctrica. Gracias a un grabador, enriquecida por los berridos desmañados de un muecín que puntualmente exhortaba a los fieles y ensordecía a los infieles y sofocaba el sonido de las campanas. Junto a todo esto, los amarillos regueros de orina que profanaban los mármoles del Baptisterio y su puertas de oro. (¡Por Dios! ¡Tienen la meada larga estos hijos de Alá! ¿Cómo hacían para alcanzar el objetivo separado por una verja y por tanto a casi dos metros de su aparato urinario?) Junto a los amarillos regueros de orina, el hedor de la mierda que bloqueaba el portón de San Salvatore del Vescovo: la exquisita iglesia románica (siglo IX) que está detrás de la plaza del Duomo y que los hijos de Alá habían convertido en un cagadero. Tú sabes de qué te estoy hablando.

Lo sabes porque fui yo quien te llamé, quien te pedí una intervención de tu diario: ¿recuerdas? Llamé también al alcalde de Florencia que, lo reconozco, tuvo la amabilidad de venir a mi casa.

Me escuchó, me consoló. «Tiene razón, tiene realmente razón...» Pero no sacó la tienda. Se olvidó o no tuvo el coraje de sacarla. Llamé también al ministro de Asuntos Exteriores que era un florentino, uno de esos florentinos que hablan con acento muy florentino, y además personalmente implicado en el asunto de los pasaportes necesarios para pasearse por Europa y traer a Italia a las hordas de parientes. Y también él, lo reconozco, me escuchó. Me consoló. «Sí, sí, tiene mucha razón.» Pero para sacar la tienda no movió un dedo. Entonces cambié de táctica. Llamé al policía que administra la Seguridad de la Ciudad y le dije: «Querido policía, yo no soy un político. Por consiguiente cuando digo que voy a hacer una cosa, la hago. Si mañana la jodida tienda está todavía en la plaza del Duomo, yo la quemo. Juro por mi honor que la quemo y ni un regimiento de carabinieri podrá impedírmelo. Mucho más: quiero que usted me arreste. Quiero que me lleve a la cárcel. Así saldré en todos los diarios y telediarios, la Fallaci-arrestada-en-su-ciudad-por-haber-defendido-su-ciudad, y los ridiculizo a todos». Bueno. Siendo más inteligente que sus superiores, al día siguiente el policía hizo retirar la tienda. En su lugar quedó sólo una inmensa y repugnante mancha de porquerías: los restos del vivac que había durado más de tres meses. Pero la mía fue una victoria pírrica. Lo fue porque inmediatamente después los pasaportes fueron renovados. Los permisos de residencia, concedidos. Lo fue porque los abuelos y los padres y las madres y los hermanos y las hermanas y los primos y las primas y las cuñadas embarazadas que en el intervalo habían parido ahora están donde querían. Es decir, en Florencia y en otras ciudades de Europa. Lo fue porque el hecho de quitar la tienda no influyó para nada sobre las insoportables torpezas que desde hace años hieren y humillan a la que fuera la capital del arte y de la cultura y de la belleza. No desanimó para nada las insoportables arrogancias de los desagradables huéspedes. Los albaneses, los sudaneses, los bengalíes, los tunecinos, los argelinos, los paquistaníes, los nigerianos que con tanto fervor contribuyen por ejemplo al comercio de la droga. (Crimen evidentemente no prohibido por el Corán.) Con ellos, los vendedores ambulantes que infestan las plazas para venderte el lápiz. Los vendedores estables que exponen la mercancía sobre sus alfombritas, a lo largo de las aceras. Las prostitutas enfermas de sífilis o de sida acampan también en las carreteras del campo. Los ladrones que te asaltan mientras duermes en tu cama y ay de ti si a sus pistoletazos respondes con tus pistoletazos.

Todos están donde estaban antes de que el policía quitase la tienda. Los vendedores estables están también delante de los Uffizi, delante de la Logia del Orcagna, a los pies de la Torre de Giotto, alrededor de la Logia de Porcellino, frente a la Biblioteca Nacional, a la entrada de los museos, en el Ponte Vecchio donde raramente no se lían a cuchilladas. O a lo largo del Arno donde han pretendido y conseguido que el municipio los financie. (¡Sí, señor, que los financie!) Están también en los sagrados de las iglesias. Por ejemplo la iglesia de San Lorenzo, donde sin respeto alguno por su Alá se emborrachan con vino, cerveza, licores, y molestan a las mujeres diciéndoles obscenidades. (El verano pasado me las dijeron incluso a mí que ya soy una antigua señora. E inútil subrayar que después se arrepintieron. ¡Oh, sí se arrepintieron! Uno de ellos está todavía gimoteando sobre sus genitales.) Sí, con el pretexto de vender la miserable mercancía, están todavía allí. Si por «mercancía» entiendes bolsos y maletas copiadas de los modelos protegidos, tarjetas postales, relojes, estatuillas africanas que los turistas ignorantes toman por esculturas de Bernini, y la susodicha droga. «Je connais mes droits, conozco mis derechos», me silbó en perfecto francés un vendedor del Ponte Vecchio. Un nigeriano al cual había dicho temando-a-la-prisión porque la vendía. Las mismas palabras que dos años antes en la plaza de Porta Romana me silbó en perfecto italiano un jovencísimo bengalí que me había agarrado un seno y al cual había respondido con la acostumbrada patada en los cojones. «Conozco-mis-derechos.» Además pretenden construir nuevas mezquitas. Ellos que en sus propios países no te permiten construir ni siquiera una capillita, una sinagoguita, y en África les gusta tanto matar a las monjas y a los misioneros. Y ¡ay! si el ciudadano protesta, si responde esos-derechos-te-vas-a-ejercerlos-en-tu-casa. ¡Ay! si al caminar entre las mercancías que impiden el paso un peatón roza la presunta escultura de Bernini. «¡Racista, racista!» ¡Ay! si un guardia urbano se les acerca y murmura: «¿Señor hijo de Alá, Excelencia, le importaría apartarse un poquito para dejar pasar a la gente?». Se lo comen vivo. Lo agarran más bestialmente que los perros rabiosos. Como mínimo, insultan a su madre y a su progenie. Y la gente calla resignada, intimidada, chantajeada por la palabra «racista». No abre la boca ni aunque se les grite lo que gritaba mi padre durante el fascismo: «¿No les importa nada su dignidad, borregos? ¿No tienen un poco de amor propio, conejos?».

Todo eso pasa también en otras ciudades: lo sé.

Pasa en Turín, por ejemplo. Aquella Turín que hace siquiera ciento cincuenta años hizo Italia y que ahora ni siquiera parece una ciudad italiana. Parece Dacca, Nairobi, Teherán, Túnez, Damasco, Beirut. Pasa en Venecia. Aquella Venecia donde las palomas de Plaza San Marcos han sido sustituidas por los tapetitos con la «mercancía» y donde hasta Otelo (pero Otelo era un gran señor, un hombre de buen gusto) se los cargaría a patadas. Pasa en Génova. Aquella Génova donde los maravillosos palacios que Rubens veneraba han sido secuestrados por esa canalla y se deterioran como hermosas damas violadas. Pasa en Roma. Aquella Roma donde la política de todo cinismo y color los corteja esperando obtener su futuro voto y donde el mismo Papa los protege con su «Osservatore Romano» y balbuceos televisivos (Santidad, ¿por qué en nombre del Dios Único no los acoge en su Vaticano? A condición de que no defequen también en la Capilla Sixtina y sobre las estatuas de Michelangelo o las pinturas de Rafaello, se entiende). Pasa también en España, en Suiza, en Francia, en Alemania, en Inglaterra, en Escandinavia, etcétera: lo sé. Pasa en toda Europa. Pero en mi opinión en Italia ese escándalo supera el límite de tolerancia. ¡Bah! Ahora soy yo la que no comprende. Porque en Italia los hijos de Alá son llamados «trabajadores-extranjeros». O bien «la-mano-de-obra-que-necesitamos». Y por cierto, bien o mal, algunos de ellos trabajan: sí. Los italianos se han vuelto tan señoritos. Pasan las vacaciones en las Seychelles, la Navidad en París, la Pascua en Madrid, tienen la baby-sitter inglesa y la «criada-de-color», se avergüenzan de trabajar como obreros o campesinos. Ya no puedes asociarlos con el proletariado, y Dios: ¡alguien tiene que trabajar! Pero esos de los que estoy hablando, ¿qué trabajadores son? ¿Qué trabajo hacen? ¿De qué modo suplen la necesidad de mano de obra que el ex proletariado italiano ya no es capaz de suministrar? ¿Acampando en las ciudades con el pretexto de vender la mercancía, drogas y prostitutas incluidas? ¿Callejeando y estropeando nuestros monumentos? ¿Emborrachándose en los sagrados de las iglesias, molestando a las mujeres, o sea diciendo obscenidades a las antiguas señoras que caminan sin importunar a nadie? Agarrándoles un seno, conozco-mis-derechos? Y luego hay otra cosa que no comprendo. ¿Si son tan pobres, esos hijos de Alá, quién les da el dinero para el barco o la balsa que los traen a Italia? ¿Quién les da los diez millones de liras por cabeza (como mínimo, diez millones de liras, o sea un millón de pesetas) que necesitan para pagar el viaje? ¿No se lo darán tal

134

vez los Osama bin Laden con el fin de establecer cabezas de puente en Europa y aquí reclutar terroristas? ¿No se lo darán tal vez los príncipes de la Casa Real Saudí con el fin de poner en marcha una conquista que no es una conquista de almas sino una conquista de territorio como la que durante más de siete siglos tuvo lugar en España y en Portugal? Paren demasiado, esos hijos de Alá. Los europeos y particularmente los italianos ya no paren: estúpidos. Sus huéspedes, al contrario, no hacen más que parir. Se multiplican como ratones. Oh, sí: ni siquiera ese asunto me convence. Y se equivoca quien se lo toma a la ligera o con optimismo. Se equivoca, sobre todo, quien compara la oleada migratoria que se ha abatido sobre Italia y Europa con aquellas que se abatieron sobre Estados Unidos durante la segunda mitad de 1800 hasta principios de 1900. Ahora te explico el porqué.

* * *

No hace mucho tiempo se me ocurrió captar una frase pronunciada por uno de los innumerables presidentes del Consejo que en pocas décadas han honrado (sic) a Italia. «¡También mi tío era un emigrante! ¡Yo lo recuerdo a mi tío que con su maletita de tela iba a Estados Unidos!» O algo parecido.

Ah, no, muy egregio ex Presidente del Consejo. No es en absoluto lo mismo. Y no lo es por dos simples motivos que los desinformados como Vuestra Señoría ignoran o fingen ignorar por conveniencia y mala fe. El primer motivo es que durante la segunda mitad del siglo XIX la oleada migratoria en Estados Unidos no se desencadenó de manera clandestina y por prepotencia de los emigrantes. Fueron los mismos norteamericanos quienes la quisieron, la solicitaron. Y por medio de una disposición del Congreso. «Vengan, vengan que los necesitamos. Si vienen, les daremos un pedazo de tierra.» Los famosos «Oklahoma-Settlements» de 1889, por ejemplo. Los norteamericanos han hecho hasta una película sobre esto. (Sí, aquella con el cruel final donde los desgraciados corren para plantar una banderita en la tierra que llegará a ser suya...) Que yo sepa, en Italia nunca ha habido una disposición del Parlamento para invitar y solicitar a nuestros desagradables huéspedes que dejen sus países. «Vengan-vengan, que-los-necesitamos. Si-vienen-les-regalaremos-una-finca-en-el-Chianti-o-en-la-Valpadana.» A Italia llegan y siempre han llegado por iniciativa propia con los malditos barcos, las malditas balsas, y a pesar de los policías que intentaban rechazarlos. (Ahora no. Para no pasar por racistas y obedecer a los nuevos fascistas, ahora los policías los reciben con reverencia. Y tomando a los párvulos en brazos.) Por lo tanto, más que de una emigración se trata de una invasión guiada bajo las enseñas del pietismo hipócrita, del provecho político y de la clandestinidad. Una clandestinidad que inquieta porque no es pacífica y dolorosa como la de los pocos emigrantes que hace un siglo o más saltaban de los navíos y alcanzaban la costa a nado. Es una clandestinidad arrogante, prepotente, descarada, y protegida por la demagogia y la mentira. Y no olvidaré nunca los comicios en los que el año pasado centenares, o más bien millares, de clandestinos llenaron las plazas de Italia para conseguir los permisos de residencia. Aquellos rostros torcidos, obtusos, enemigos. Aquellos puños alzados, amenazadores, listos a golpear al pueblo que los hospedaba. Aquellas voces iracundas, bestiales que me llevaban al Teherán de Jomeini. No lo olvidaré porque, además de sentirme ofendida por tal prepotencia en mi propio país, me sentía burlada por los ministros que decían: «Querríamos repatriarlos pero no sabemos adónde se esconden». ¡Miserables, embusteros! En aquellas plazas había multitudes de clandestinos, multitudes, y no se escondían de veras... Para repatriarlos hubiese bastado con ponerlos en fila, por-favor-señor, acomódese, y acompañarlos a un puerto o aeropuerto, reexpedirlos a sus países.

El segundo motivo, muy egregio ex Presidente del Consejo y sobrino del tío con la maletita de tela, lo entendería también un escolar de primaria. Y para suavizarle la fácil tarea, le doy un par de elementos. Elemento Número Uno: Estados Unidos es un continente, y en la segunda mitad del siglo XIX, o sea cuando el Congreso estadounidense propició la inmigración, dicho continente estaba prácticamente despoblado. El grueso de los habitantes se concentraba en los Estados del Este, es decir, en los Estados del lado del océano Atlántico. En el Midwest, o sea en las regiones centrales, estaban sólo las ya diezmadas tribus de Pieles Rojas y algunas familias de pioneros. En el Far West no había casi nadie. De hecho, la carrera al Far West acababa de comenzar, y California estaba más o menos vacía. Italia no es un continente. Es un país pequeño y, por cierto, no despoblado... Elemento Número Dos: Estados Unidos es un país muy joven. Si piensa que su Guerra de Independencia se desarrolló a finales del siglo XVIII, deduce que como nación tiene apenas doscientos años, y comprende por qué su identidad cultural no está todavía definida. Italia, por el contrario, es un país muy viejo. Su historia dura, en esencia, desde hace tres mil años. Su identidad cultural está muy definida, y qué diablos: desde hace dos mil años esa identidad no prescinde de una religión que se llama religión cristiana y de una iglesia que se llama Iglesia católica. La gente como yo suele decir: yo-con-la-Iglesia-católica-no-tengo-nada-que-ver. Pero se trata de palabras y basta. Tengo que ver, tengo que ver. Me guste o no, tengo que ver. ¿Cómo podría no tener que ver? He nacido en un paisaje de iglesias, conventos, Cristos, Vírgenes, Santos. La primera música que escuché al nacer fue la música de las campanas. Las campanas de Santa María del Fiore, sí, las mismas que en los días de la tienda los berridos desmañados del muecín sofocaban sin piedad. Con esa música y en ese paisaje he crecido. A través de esa música y de ese paisaje he aprendido qué es la arquitectura, qué es la escultura, qué es la pintura, qué es el arte, qué es el conocimiento y qué es la belleza. Gracias a esa iglesia (pronto rehusada y, no obstante, que permaneció dentro de mí, o sea dentro de mi cultura), empecé a preguntarme qué es el Bien y qué es el Mal, si el Padre Eterno existe o no existe, si el alma es una fórmula química o algo más, y por Dios…

Aquí está. He escrito otra vez «por Dios». ¿Lo ves? Con todo mi laicismo, todo mi ateísmo, estoy tan impregnada de cultura católica que su vocabulario pertenece a mi manera de expresarme. Dios, Dios mío, buen Dios, Virgen santa, Jesús, Cristo aquí, Cristo allá: me salen de manera tan espontánea, estas expresiones, que ni siquiera me doy cuenta. Y añado: aunque al catolicismo no le haya perdonado jamás las infamias impuestas siglo tras siglo a sus víctimas (comenzando por la Inquisición que en el siglo XVI me quemó a una abuela, pobre abuela), aunque con los curas yo no haga buenas migas, la música de las campanas me gusta mucho. Me acaricia el corazón. Me gustan también los Cristos y las Vírgenes y los Santos pintados. De hecho tengo la manía de los iconos. Me gustan también los monasterios y los conventos. Me dan una profunda sensación de paz y, a menudo, envidio a quien vive allí. Además nuestras catedrales son más bonitas que las mezquitas y las sinagogas: ¿sí o no? Son más hermosas también que las iglesias protestantes. El cementerio de mi familia es un cementerio protestante. Acoge a los muertos de todas las religiones pero es protestante. Y una bisabuela mía era valdense. Una tía abuela, evangélica. A la bisabuela valdense nunca la conocí. Murió joven. A la tía abuela evangélica, sí. El domingo me llevaba siempre a los oficios religiosos de su iglesia en Florencia, y... ¡Dios, cómo me aburría! Me sentía tan sola entre aquellos fieles que cantaban salmos y basta, con aquel sacerdote que no era un sacerdote y leía la Biblia y basta, en aquella iglesia que no parecía una iglesia porque salvo un pequeño púlpito tenía un gran crucifijo y basta. Ninguna pintura, ninguna escultura, pues nada de Cristos o Madonas o ángeles, y ni siquiera un cirio, ni siquiera un poquito de incienso... Me faltaba incluso el incienso, y hubiera dado mucho por encontrarme en la vecina basílica de Santa Croce, donde esas cosas no me habrían faltado. Esas cosas, los simbólicos oropeles a los cuales estaba acostumbrada. Sabes, en el jardín de mi casa en Toscana hay una pequeña capilla. Está siempre cerrada. Desde que mi madre murió, todos la ignoran. Pero a veces voy a quitarle el polvo, controlar que los ratones no hayan hecho el nido, y a pesar de mi educación laica allí me siento cómoda. Serena. A pesar de mi anticlericalismo, allí me muevo con soltura. Y creo que la mayoría de los españoles, de los italianos, de los franceses, de los portugueses, te dirían lo mismo. A mí me lo dijo el jefe del Partido Comunista, Berlinguer. ¡Santo Dios! (Aquí está de nuevo.) Estoy diciendo que nosotros españoles italianos franceses portugueses etcétera no tenemos las condiciones de los norteamericanos: reciente mosaico de grupos étnicos y religiosos, desenvuelto amasijo de miles de lenguas y religiones y culturas, al mismo tiempo abierto a cualquier invasión y capaz de rechazarla. Estoy diciendo que exactamente porque está definida y es muy precisa, nuestra identidad cultural no puede soportar una oleada migratoria compuesta por personas que, de un modo o de otro, pretenden cambiar nuestro sistema de vida. Nuestros principios, nuestros valores. Estoy diciendo que en Italia, en Europa, no hay sitio para los muecines, los minaretes, los falsos abstemios, el maldito chador y el aún más jodido burkah. Y hasta si hubiese, yo no se lo daría. Porque sería como echar a nuestra civilización. Cristo, Dante Alighieri, Leonardo da Vinci, Michelangelo, Rafaello, el Renacimiento, el Risorgimento, la libertad que bien o mal hemos conquistado, la democracia que bien o mal hemos instaurado, el bienestar que sin duda hemos conseguido. Equivaldría a regalarles nuestra alma, nuestra patria. En mi caso, Italia. Y mi Italia yo no se la regalo a nadie.

Con lo que hemos llegado al punto que quiero aclarar de una vez y para siempre. Y que todos se destapen bien las orejas.

* * *

Yo soy italiana. Se equivocan los malinforma-
dos que me creen o consideran norteamericana. La
ciudadanía norteamericana yo no la he solicitado
nunca. Cuando un embajador norteamericano me
la ofreció en virtud del Celebrity Status, se lo agra-
decí y le contesté más o menos con estas palabras:
«Señor embajador, Sir, yo estoy profundamente ligada a Estados Unidos. Me peleo siempre con ella,
la reprocho, la acuso, la critico, y muchas cosas en
ella me molestan. Su frecuente y difuso olvido de
los principios sobre los que nació, o sea los principios de los Padres Fundadores, para empezar. Su his-
térico culto de la opulencia, su desconsiderado de-
rroche de la riqueza, su inevitable jactancia política
y militar, y también el recuerdo de una llaga aguan-
tada demasiado tiempo y llamada esclavitud. También ciertos vacíos de conocimiento porque su conocimiento es esencialmente científico, esencialmente
tecnológico, raramente filosófico y artístico, ese fa-
tal error no me gusta. También sus groserías, sus ex-
plosiones de vulgaridad y de brutalidad, su descon-
siderada exhibición de sexo: las fealdades a las cuales
nos ha acostumbrado a través de sus películas… Empero, y a pesar de todo esto, estoy profundamente
ligada a Estados Unidos. Estados Unidos es para mí

un amante, o mejor un marido del cual conozco todas las culpas, todos los defectos, pero al cual le seré siempre fiel. (A menos que me ponga los cuernos.) Lo quiero a este amante, a este marido. Me cae simpático y admiro su genialidad, su descaro, su optimismo, su coraje. Admiro la confianza que tiene en sí mismo y en el futuro, la deferencia que demuestra hacia la Plebe Redimida, la Plebe Rescatada, los pobres, y la paciencia infinita con la cual aguanta el odio de sus enemigos. Además respeto su éxito sin precedentes, el hecho de que en apenas dos siglos haya conseguido llegar a ser el primero de la clase. El país en el cual todos se inspiran, al que todos recurren, por el que todos sienten envidia y celos, y nunca olvido que, si este marido no hubiese ganado la guerra contra Hitler y Mussolini, hoy hablaría alemán. Nunca olvido que si no se hubiese enfrentado a la Unión Soviética, hoy hablaría ruso. Además admiro y respeto su indiscutible generosidad. Por ejemplo, el hecho de que cuando llego a Nueva York y presento el pasaporte con el Certificado de Residencia, los aduaneros me digan con una gran sonrisa: "Welcome home. Bienvenida a casa". Me parece un gesto tan caballeresco, tan afectuoso. Me recuerda que Estados Unidos ha sido siempre el Refugium Peccatorum, el orfanato, de la gente sin patria. Pero yo ya tengo una patria, señor embajador. Mi patria es Italia y yo amo a Italia. Italia es mi madre, señor. Y si tomara la ciudadanía norteamericana me parecería renegar de mi madre». Le dije también que mi lengua es el italiano, que en italiano pienso, en italiano escribo: en inglés me traduzco y basta, con el mismo espíritu con que me traduzco en otras lenguas familiares. Es decir, considerándolo un idioma extranjero. En fin, le conté que cuando escucho el Himno de Mameli me emociono. Cuando oigo aquel Fratelli-d'Italia, l'Italia-s'è desta, parapà-parapà-parapà, siento un nudo en la garganta. No me importa siquiera saber que como himno es mediocre y que casi siempre lo tocan mal. Pienso solamente: es el himno de mi patria.

Ah, sí, querido. Sí: un nudo en la garganta. El mismo nudo que siento también cuando miro la bandera blanca roja y verde, la bandera italiana que flota al viento. (No al viento de los estadios, naturalmente.) Sabes, en mi casa de campaña tengo una bandera blanca roja y verde del siglo XIX. Toda llena de manchas, manchas de sangre creo, y roída por las polillas. Y si bien en el centro está el escudo de los Saboya (pero sin los Saboya, sin Vittorio Emmanuel II; sin Cavour que, con ese escudo, trabajó y murió; sin Garibaldi que ante ese escudo se inclinó, y sin el cual no hubiésemos hecho la Unidad de Italia), la guardo como un tesoro. ¡Cristo! Hemos muerto a causa de esa bandera. Ahorcados, fusilados, decapitados, matados por los austriacos, por el Papa, por el duque de Módena, por los Borbones… Hemos hecho el Risorgimento con esa bandera. Hemos hecho la Guerra de la Independencia, hemos hecho la Unidad de Italia. ¡¿No se acuerda nadie de lo que fue el Risorgimento?! Fue el despertar de nuestra dignidad perdida tras siglos de invasiones y de humillaciones, fue el renacer de nuestras conciencias. De nuestro amor propio, de nuestro orgullo apagado por los extranjeros. Por los españoles, los franceses, los austriacos, los pontífices verdugos, los tiranos de cualquier especie. ¿No se acuerda nadie de lo que fueron nuestras guerras de independencia? Fueron muchas más que las de los norteamericanos. Porque los norteamericanos tenían sólo un enemigo, sólo un invasor contra el cual combatir: Inglaterra. Nosotros en cambio éramos sojuzgados por todos aquellos que el Congreso de Viena se había divertido en establecer en nuestro país descuartizándolo como un pollo asado. ¿No recuerda nadie lo que fue la Unidad de Italia, los ríos de sangre que nos costó? Cuando celebran su victoria contra Inglaterra y levantan su bandera y cantan «God bless

146

America», los norteamericanos se ponen la mano sobre el corazón, ¡Cristo! ¡Sobre el corazón! ¡Y nosotros no celebramos nada, la mano no la ponemos en ninguna parte, y gracias a Dios si ciertos miserables no la ponen donde no te digo!

Hicimos también la Primera Guerra Mundial y la Resistencia con esa bandera, con esa tricolor: ¿recuerdas? Yo sí. Porque a causa de esa bandera mi tatarabuelo materno Giobatta combatió en Cuartone y Montanara, fue horriblemente desfigurado por un cohete austriaco, y diez años después los austriacos lo encerraron en la cárcel de Liorna. Lo torturaron, a bastonazos en los pies lo volvieron cojo. Patojo. Y durante la Primera Guerra Mundial mis tíos paternos soportaron penas igualmente desgarradoras: las trincheras del Carso, los ataques de gas, los asaltos con bayoneta. Y durante la Resistencia mi padre fue arrestado y torturado más que el tatarabuelo de Giobatta: bastonazos en los pies y descargas eléctricas en los genitales. Toda la familia se unió a su lucha, yo también. En las filas de «Giustizia e Libertà», Cuerpo Voluntario de la Libertad. Nombre de batalla, Emilia. Tenía catorce años. Y cuando al año siguiente el Cuerpo Voluntario de la Libertad fue agregado al resurgido Ejército Italiano, la guerra terminó y fui licenciada como soldado raso, me sentí tan orgullosa.

Tan fiera. ¡Jesús, yo también había combatido por mi bandera, por mi país! ¡Por amor a mi patria yo también había sido un soldado italiano! Así que cuando me notificaron que el despido incluía una paga de 15.670 liras, no sabía si aceptarlas o no. No me parecía correcto aceptarlas por haber cumplido mi deber hacia la Patria. Pero las acepté. En casa estábamos todos sin zapatos, y con aquel dinero compré zapatos para mí y mis hermanitas. (Mi padre y mi madre, no. No las quisieron.)

* * *

Naturalmente mi patria, mi Italia, no es la Italia de hoy. La Italia placentera, pícara, vulgar, de los italianos que (como los otros europeos, entendámonos bien) sólo piensan en jubilarse antes de los cincuenta años y sólo se apasionan por las vacaciones o por los partidos de fútbol. La Italia mezquina, estúpida, cobarde, de las pequeñas hienas que por estrechar la mano a una estrella de Hollywood venderían a su hija a un burdel de Beirut pero que si los kamikazes de Osama bin Laden reducen a ceniza a millares de criaturas se carcajean con el bien-los-norteamericanos-se-lo-tienen-merecido. (Aquí también como los otros europeos, entendámonos bien. De

148

hecho el discurso sobre Europa lo haremos bastante temprano.) La Italia oportunista, ambigua, dependiente de los partidos políticos que no saben ni vencer ni perder, ni gobernar ni estar en la oposición, pero que saben cómo pegar los traseros de sus representantes a la poltrona de diputado o de ministro o de alcalde. La Italia todavía mussoliniana de los fascistas negros y rojos, los que te inducen a exhumar la terrible agudeza de Ennio Flaiano: «En Italia los fascistas se dividen en dos categorías: los fascistas y los antifascistas». La Italia, en fin, de los italianos que con el mismo entusiasmo gritan Viva-el-rey y Viva-la-república, Viva-Mussolini y Viva-Stalin, Viva-el-Papa y Viva-quien-sea, Francia-o-España-purchè'si-magna. (Con tal que se coma.) De los italianos que con la misma desenvoltura pasan de un partido a otro: se hacen elegir con un partido y una vez elegidos se pasan al partido contrario, aceptan la poltrona ministerial del partido contrario. En suma, la Italia de los que cambian la chaqueta, que se ponen la chaqueta del revés. (¡Dios, cuánto me disgustan los que se ponen la chaqueta del revés! ¡Cuánto los odio, cuánto los desprecio!) Quede claro: el morbo del chaqueteísmo no es una especialidad italiana, una invención italiana. Como todos saben o deberían saber, su naturaleza es uni-

149

versal y su primado pertenece a Francia: desde el siglo XIII madre de la palabra «girouette» (en español, pirueta o veleta) y desde la Revolución Francesa, luego el Directorio, luego el Consulado, luego el Imperio, luego la Restauración, patria de los «girouettes» más desvergonzados del mundo. Piensa en el ejemplar-supremo, es decir, el hombre al que Napoleón definía como «una mierda en una media de seda»: Charles Maurice de Talleyrand-Périgord o, más brevemente, Talleyrand. Piensa en el mismo Napoleón que durante su juventud lamía las botas de Marat y de Robespierre («Marat y Robespierre, voilà mes dieux»), y que tras un tal debut se hizo rey y emperador. Piensa en Barras y Tallien y Fouché: los comisarios del Terror, los responsables de las masacres realizadas por la Revolución en Lyon y Toulon y Burdeos. Los chaqueteros que, después de haber traicionado y eliminado a Robespierre, se pusieron a fornicar con los aristócratas escapados de la guillotina y el primero inventó a Napoleón, el segundo lo siguió a Egipto, el tercero lo sirvió hasta su derrota. Piensa en Jean-Baptiste Bernadotte que, convertido en rey de Suecia, se alía con el Zar y aplicando tácticas napoleónicas en 1813 decide la suerte de la batalla de Lipsia. Piensa en Joacqim Murat que, al año siguiente se alió con los austriacos contra su cuñado y benefactor, o sea el hombre de quien había recibido como regalo el reino de Nápoles… Y no olvidemos que en 1815 fueron los franceses, no los italianos, quienes compilaron el sorprendente y delicioso «Dictionnaire des Girouettes». Un libro que siguen reeditando, puesto al día, sin la menor dificultad porque a través de los siglos la lista se ha ampliado de manera encantadora. Pero si hay un país que siempre ha aprendido bien la lección francesa, ése es Italia. Piensa en el chaqueteísmo con el cual, entre 1799 y 1814, los alcaldes toscanos saltaban del Gran-duque Ferdinando de Habsburgo-Lorena a Napoleón, de Napoleón a Ferdinando y de Ferdinando de nuevo a Napoleón. Piensa en el poema satírico «Il brindisi dei Girella» (En honor de los Veletas) con el cual, en 1848, el poeta y patriota Giuseppe Giusti abofeteó a nuestros ejemplares e introdujo la palabra «girella», es decir, la versión toscana de «girouette». De todos modos, en Italia el morbo nunca ha conseguido el nivel desagradable de hoy. ¿Y sabes qué es lo peor? Es que, estando ya acostumbrados, los italianos no se escandalizan más. Al contrario, se maravillan si alguien se mantiene fiel a sus ideas. Hace dos o tres años me pasó al contarle a un conocido predicador de democracia que, indagando en los archivos de Estado para buscar ciertos documentos sobre mi familia, había hallado una confirmación estupenda: ni en la rama materna ni en la rama paterna, nadie había pertenecido al Partido Fascista. De verdad el único fascista había sido el marido de una tía por eso renegada e insultada, pobre tía. Vaya-traidora-vaya, tú-que-has-herido-nuestro-honor-enamorándote-de-un-Camisa-Negra. ¿Y sabes qué me respondió el conocido predicador de la democracia? Me respondió: «Se ve que vivían en la Luna». Palabras a las que repliqué: «No, señor. Vivían sobre esta tierra, entre los hospitales donde morían cuando los Camisas Negras los golpeaban y las cárceles donde morían cuando los arrestaban. Es decir, que vivían en su conciencia». ¡Ay de mí, ay! Si me pongo a enumerar todas las Italias que no son mis Italias, las Italias que no amo, callo enferma de dolor.

Bueno. Lo intentaré igualmente, en la forma más rápida posible. La Italia, por ejemplo, de los ex comunistas que durante cuarenta años (pero, considerando que empezaron cuando yo era jovencísima, debería decir cincuenta) han cubierto de moratones mi alma. Me han ofendido con su prepotencia, su presunción, su terrorismo intelectual. O sea, con el escarnio reservado a todos los que no pensaban como ellos, de manera que, si no eras comunista, debías de ser considerado un reaccionario, un cretino, un troglodita, un siervo de los norteamericanos. (Escrito amerikanos…) Esos curas rojos que me trataban como una Infiel (madre mía, cuántos curas he tenido que soportar en mi vida) y que tras la caída del Muro de Berlín cambiaron inmediatamente el tono. Espantados como polluelos que no pueden refugiarse más bajo las alas de la mamá clueca, o sea de la Unión Soviética, improvisaron una comedia intitulada «Examen de conciencia». Asustados como párrocos que temen perder su parroquia y, con su parroquia, los privilegios adquiridos; con los privilegios adquiridos, el sueño de conseguir la púrpura cardenalicia, se pusieron a charlar como liberales: a dar incluso lecciones (¡ellos!) de liberalismo. Y hoy desempeñan el papel de «buonisti», buenistas: peculiar adjetivo que deriva del peculiar sustantivo «buenismo». Sustantivo que, en sus cabezas, significa benevolencia, indulgencia, clemencia, mansedumbre, cortesía, jovialidad, caridad, etcétera. (¿Ocurre lo mismo en los países europeos donde el rojo se convirtió en rosa y luego en blanco o verde, etcétera? Quiero decir: ¿ocurre lo mismo en España, en Francia, en Portugal, en Alemania, en Holanda, en Hungría, etcétera? Seguramente, sí…) Les gusta también dar a su partido y a los partidos de sus aliados nombres inofensivos, de carácter floral o vegetal. La Encina, el Olivo, la Margarita. Así que ahora las encinas y los olivos y las margaritas, dos árboles y una flor muy amados por mí, me inspiran una profunda antipatía. Durante algún tiempo han utilizado también la imagen del asno: un animal acostumbrado a rebuznar más que a simbolizar la inteligencia, a dar coces más que a personificar la inocencia. Y, en lugar de ir a Moscú, hoy vienen a Nueva York, donde se compran camisas en Brooks Brothers, sábanas en Bloomingdale's pues al regresar celebran congresos a la sombra de un mote norteamericano. Un mote que parece el eslogan en un detergente: «I care». Y paciencia si los obreros que ondeaban los ríos de banderas rojas, los lagos de banderas rojas, no hablan inglés. Paciencia si mi carpintero que es un viejo y honesto comunista florentino no entiende qué significa «I care». Él lee «Icare» y cree que se trata de Ícaro, el griego al cual le gustaba volar pero que, cuando volaba, se le derritieron las alas de cera y todo confundido me pregunta: «¡¿Señora Fallaci, qué tiene que ver Ícaro?!». Entonces tengo que explicarle que «I care» no significa Ícaro: es un verbo angloamericano que significa me-importa, y él se enfada. «¡Me gustaría saber quién es el tonto que ha inventado esta tontería!»

154

Desde que las hoces y los martillos han desaparecido para convertirse en olivos y encinas y margaritas, no me tratan ni siquiera de reaccionaria y cretina (pero después de este libro lo harán de nuevo). A veces dicen incluso cosas que yo decía cuando me trataban de troglodita, sierva de los norteamericanos escrito amerikanos. (Pero después de este libro lo harán de nuevo.) Y su diario llamado «Unidad» no me dedica más los vituperios vulgares, las perfidias gratuitas, las vergonzosas calumnias que durante cuarenta o mejor cincuenta años vomitó sobre mí en la fascista columna «El hueco del día», luego «El dedo en el ojo». (Pero en breve lo harán de nuevo.) Los semanarios de las parroquias buonistas, lo mismo. (Paréntesis doloroso. Después del viaje a Hanoi, o sea cuando arriesgaba mi vida en Vietnam, una periodista de un conocido semanario comunista me dedicó una serie de artículos malvados. ¿Y sabes por qué? Porque había escrito que en Vietnam del Norte el estalinismo sojuzgaba a sus súbditos hasta en la intimidad cotidiana. Por ejemplo, obligándolos a hacer pipí y caca por separado y utilizando la segunda [no mezclada con la orina] como abono en agricultura. Había escrito también que el régimen comunista de Hanoi perseguía con ferocidad a los que no eran comunistas, y que un día un viejo Viet-minh de Dien-Bien-Phu se había puesto a llorar en mi hombro: «Madame, vous ne savez pas comme nous sommes traités ici, Madame...». ¿Y sabes cómo tituló, esa noble dama, la serie de artículos? «La señorita Snob se va a Vietnam». Paréntesis cerrado.) No, al menos en este momento no lo hacen. Y todos se han olvidado de que lo hacían. Pero yo no me he olvidado, no, y llena de indignación pregunto: «¿Quién me restituye aquellos cuarenta o mejor cincuenta años de pesares sobre mi alma, de ultrajes a mi honor?». Hace tiempo se lo pregunté a un ex comunista de la ex Federación Juvenil Comunista Italiana: la agencia de colocación (así la llamó) de la cual salieron todos o casi todos los ministros o primeros ministros o alcaldes de izquierdas que entristecen o han entristecido al país. Le recordé que el fascismo no es una ideología, es una actitud, y le pregunté: «¿Quién me restituye esos cuarenta, cincuenta años?». Puesto que hoy interpreta con gran soltura el papel de liberal, de auténtico progresista, esperaba que se excusase. Esperaba que con el corazón en la mano me respondiese: «Perdona». Al contrario, se carcajeó y respondió: «¡Presenta una demanda judicial!». Palabras de las cuales deduzco que verdaderamente el lobo pierde el pelo, no el vicio, y que la Italia de esa gente no es, ni nunca será, la mía.

* * *

No es ni siquiera la Italia de sus adversarios: entendámonos bien. A sus adversarios yo no los voto y, de hecho, desde hace muchos años yo no voto a nadie. Confesión, la segunda, a la cual me constriño con mucha angustia porque el no voto es un voto, sí: un voto legal, legítimo, un voto para decir váyanse-todos-al-Infierno. Pero es también el voto más trágico, más triste, que existe. El voto desgarrador del ciudadano que no se reconoce en nadie, que no se fía de nadie, que no puede encargar a nadie que lo represente, y que, en consecuencia, se siente abandonado defraudado solo. Solo como yo. Yo sufro mucho cuando en Italia hay elecciones. No hago más que fumar, blasfemar, repetirme: «¡Por Dios, hemos estado en la cárcel, hemos muerto, para recuperar el voto! Nuestros compañeros fueron fusilados o eliminados en los campos de concentración para devolvernos el voto. Y yo no voto...». Sufro y maldigo mi rigidez, mi inflexibilidad, mi soberbia. Casi envidio a quien sabe amoldarse, adaptarse a las necesidades, ceder ante un compromiso y votar a alguien que le parezca menos malo que los otros. (Cuando hay un referéndum, al contrario, voto. Porque en los referéndums no tengo que favorecer a hombres o mujeres en los que no me reconozco, por los cuales no quiero ser representada: en un referéndum el proceso democrático se desarrolla sin intermediarios. «¿Quieres la monarquía?» «No.» «¿Quieres la república?» «Sí.» «¿Quieres que cerca de tu casa los cazadores maten a los pajaritos?» «No, Cristo, no.» «¿Quieres que una ley proteja tu privacidad?» «Sí, Cristo, sí.») Y, dicho esto, deja que le dirija un discursito al líder de esos adversarios.

Discursito. Egregio Primer Ministro de mi país, yo sé que oyéndome hablar contra sus adversarios Usted engorda. Se regocija como una esposa feliz. Pero no sea impaciente, le ruego. Hay algo para Usted también. Lo he hecho esperar tanto, lo he tenido en ascuas, sólo porque Usted no pertenece a mis cuarenta o, mejor, cincuenta años de dolor. En este sentido Usted es sin duda inocente. Además no lo conozco a Usted tan bien como a los comunistas y ex comunistas y compagnons-de-route. Usted es un novato, una novedad. Exactamente cuando de política (palabra para mí sagrada, espero que lo haya comprendido) no quería oír ni hablar, Usted apareció. Surgió como ciertas plantas que indeseadas brotan en el huerto o en el jardín, hasta que uno las mira confuso y se pregunta: «¿Qué tipo de planta es?

¿Un rábano? ¿Una ortiga?». Desde ese día lo observo con curiosidad y perplejidad, sin poder determinar si es Usted un rábano o una ortiga, y pensando que, si es un rábano, no es un gran rábano. Si es una ortiga no es una gran ortiga. Por lo demás Usted también parece alimentar esa duda: no tomarse demasiado en serio. Al menos con la boca (con los ojos mucho menos), Usted ríe siempre. Ríe hasta cuando no hay motivo alguno para reírse. Ríe como si supiese que su éxito en política es una extravagante e inmerecida casualidad, una broma de la Historia, una excéntrica aventura de su afortunadísima vida. Y dicho esto, permítame (utilizo su lenguaje, como ve) exponer lo que no me gusta de Usted.

No me gusta, por ejemplo, su falta de buen gusto y de agudeza. El hecho, por ejemplo, de que adore ser llamado Cavaliere. No se trata de un título raro e importante, créame: Italia produce más caballeros y comendadores que ladinos y chaqueteros. Una vez en ese montón, un presidente de la República quería meterme también a mí y, para impedírselo, tuve que decirle: «Señor Presidente, si me hace cavaliere yo le pongo una querella por difamación». Sin embargo Usted lleva ese título con mucho orgullo, como si fuese una medalla de oro o un escudo feudal. Y dado que también Mussolini se enorgullecía, dado que Usted respeta la libertad, ese «cavaliere» me parece un error político. Me parece incluso un error cómico, y un jefe de gobierno no puede permitirse ser cómico. Si lo es, pone en ridículo al país. No me gusta tampoco su falta de tacto, o sea la ligereza con la que ha elegido el nombre de su partido. Fuerza Italia. Un nombre que evoca los berridos de los encuentros internacionales de fútbol. Y eso me ofende, me apena, como me ofendían y me apenaban las maldades de los comunistas. Incluso más, puede ser. Porque esta vez la herida no es infligida contra mí personalmente, es infligida a mi Patria. Usted no tiene ningún derecho a utilizar para su partido el nombre de mi Patria, señor. La Patria es la patria de todos, incluso de sus rivales y de sus enemigos. No tiene ningún derecho a identificar Italia con los equipos de fútbol, con los estadios. Por un abuso tal mi tatarabuelo Giobatta lo habría desafiado a duelo con la espada de Curtatone y Montanara. Mis tíos, con las bayonetas del Carso. Mi padre le habría roto la nariz, mi madre le habría quitado los ojos. En cuanto a mí, la sangre se me sube a la cabeza. ¿Quién se lo ha sugerido, por Dios? ¿Su camarero, su chofer?

Y luego, tampoco me gusta la falta de seriedad que demuestra con su manía de contar chascarrillos.

Yo odio los chascarrillos. Dios, cuánto los odio. Y pienso que un jefe de gobierno no debe contar chascarrillos, hacer política con los chascarrillos. Señor cavaliere, ¿sabe qué significa la palabra Política? ¿Sabe de dónde viene? Viene del griego ΠΟΛΙΤΙΚΗ y significa Ciencia del Estado, Arte de Gobernar, Arte de Administrar el Destino de una Nación. ¡¿Le parece que eso encaja con los chascarrillos?! Cuando oigo los suyos, yo sufro casi más de lo que sufro cuando escucho la vocecita melosa y las tarantelas anguilosas de Chirac. Me enfado, y pienso: «¡Cristo! ¿No lo entiende, este Cavaliere, que el pueblo lo ha votado por desesperación? No lo entiende, este señor que está donde está porque los italianos no podían más con sus predecesores porque estaban hartos de ser objeto de sus burlas? ¿No comprende que debería encender una vela a la Virgen María, comportarse seriamente, hacer de todo para mostrarse digno del regalo que le ha caído sobre su cabeza?». Por último, no me gustan algunos de los aliados que ha escogido. Los camisas verdes de mi-sun-lumbard que no saben ni siquiera cuáles son los colores de la tricolor, y los sobrinitos de los que llevaban las camisas negras. Ellos dicen que ya no son fascistas y quizá sea la verdad. Pero si yo no me fío de quien viniendo del partido comunista dice que ya no es comunista, entonces tampoco me fío de aquellos que, viniendo de un partido neofascista, dicen que no son fascistas. Y ahora pasemos a lo concreto.

Habrá notado, señor Cavaliere, que no le reprocho su riqueza. No me incluyo entre los que ven en su riqueza su mayor culpa. Oh, no. Yo creo que negarle a un hombre rico que entre en política es antidemocrático, demagógico, ilegal. En Italia, además, es profundamente estúpido. Sobre ese asunto, pienso como Alekos Panagulis que, cuando un líder o un jefe de gobierno era rico, decía: «¡Mejor! Así no roba. No tiene necesidad de robar». Por lo demás, los mismos y tan elogiados Kennedy eran y son escandalosamente ricos. Mire: yo no le reprocho ni siquiera el detalle de poseer tres canales de televisión. Al contrario, juzgo ridículas las preocupaciones que sus adversarios tienen sobre ese asunto. Ante todo porque el canal impúdica y patéticamente devoto a Usted no me parece un peligro. Y el que intenta imitarlo, lo mismo. Luego porque el tercero, es decir, aquel bien hecho y justamente de gran éxito, lo maltrata de un modo tan descarado que no parece pertenecerle a Usted sino a los partidos con nombres vegetales y florales. En todo caso, sus adversarios aprietan tanto en un puño el mundo de la prensa y de la televisión, su propaganda facciosa influye tan escandalosamente en el juicio del pueblo, que sobre este asunto deberían tener el pico cerrado. No, no: la culpa que le reprocho es otra, señor Primer Ministro de mi país. Y aquí está. He visto que, aunque de manera desordenada e inadecuada, Usted me ha precedido en la defensa de la cultura occidental. Pero apenas las cigarras le han saltado al cuello, racista-racista, ha ido marcha atrás. Ha hablado de equívoco, de error, ha ofrecido humildemente sus excusas a los hijos de Alá, ha engullido el agravio de su rechazo, ha soportado sin chistar las hipócritas reprimendas de sus colegas europeos y los pescozones de Blair. En definitiva, ha tenido miedo. Y eso no va bien. Si yo hubiese sido el jefe del gobierno, se lo aseguro, me los habría comido a todos con la mostaza y el señor Blair no habría osado decir lo que ha osado decirle a Usted. (Do you hear me, Mister Blair? I did praise you and praise you again for standing up to the Osamas bin Ladens as no other European leader has done. But if you play the worn-out games of diplomacy and shrewdness, if you separate the Osamas bin Ladens from the world they belong to, if you declare that our civilization is equal to the one which imposes the chador yet the burkah and forbids to drink a glass of wine, then you are not better than the Italian cicadas. If you don't defend our culture, my cul-

163

ture and your culture, my Leonardo da Vinci and your Shakespeare, if you don't stand up for it, then you are a cicada yourself and I ask: why do you choose my Tuscany, my Florence, my Siena, my Pisa, my Uffizi, my Tirrenean Sea for your Summer vacations? Why don't you rather choose the empty deserts of Saudi Arabia, the desolate, rocks of Afghanistan? I had a bad feeling when my Prime Minister received your scolding. The feeling that you will not go very far with this war, that you will withdraw as soon as it will no longer serve your political interest.)

A menos que, señor Cavaliere, Usted no haya rebatido con la justa defensa de nuestra cultura por deferencia hacia el narigudo con el kaffiah y las gafas negras que responde al nombre de Su Alteza Real el príncipe Al Walid: miembro de la Casa Real Saudí y, según se cuenta, Su socio. (Sí, sí, el mismo del cual el alcalde Giuliani ha rechazado orgullosamente el cheque de diez millones de dólares ofrecido a la ciudad de Nueva York después del apocalipsis... «No, thanks. I don't want them. No, gracias. No los quiero.») Porque, en ese caso, digo que a esta Alteza Real el Primer Ministro de mi país no debería ni siquiera estrecharle la mano. Ni siquiera murmurarle un buenos días. Digo que Su vinculación al susodicho desacredita a mi país y se mofa de nuestros valores, nuestros principios. Lo digo y le recuerdo a Usted que la Casa Real Saudí está acusada por toda la prensa occidental y por todos los Servicios Secretos del mundo civilizado de financiar secretamente el terrorismo islámico. Le recuerdo que numerosos miembros de esa familia son accionistas del Rabita Trust: el instituto-de-beneficencia que el bien informado ministerio norteamericano del Tesoro ha colocado en la lista negra de los organismos financieros vinculados a Osama bin Laden, y contra el cual George Bush se ha expresado con ardiente desdén. Le recuerdo que varios príncipes de esa familia (seis mil príncipes, Dios mío, seis mil) tienen un dedo o dos o tres o diez en la Fundación Muwafaq: el otro instituto-de-beneficencia que siempre según el bien informado ministerio norteamericano del Tesoro transfiere al extranjero los fondos que Bin Laden utiliza para realizar sus masacres. Le recuerdo que en Arabia Saudí los inmensos capitales del desnacionalizado Bin Laden no han sido bloqueados todavía por la Casa Real y que en Arabia Saudí no manda la Ley: manda la Casa Real Saudí. Le recuerdo que hace veinte años, cuando los palestinos nos mataban en los aviones y en los aeropuertos, esa misma Casa Real Saudí financiaba generosamente al terrorista Arafat. (Me lo reveló el ministro del Petróleo, Ahmad Yamani, y por lo demás eso era una cosa conocida en todo el mundo.) Le recuerdo que en Arabia Saudí el Ministerio de la Religión está confiado por voluntad de la Casa Real a los fundamentalistas más extremistas (aquellos por los que Bin Laden fue instruido), y que este ministerio construye en todo el mundo mezquitas donde los jóvenes son reclutados para la Guerra Santa. (Sucedió también en Chechenia con los resultados que conocemos tan bien.) Se lo recuerdo, y la sospecha de que Usted se haya retractado por deferencia a su socio me indigna profundamente. Me indigna y concluyo: tiene razón quien le dice que gobernar un país no es como dirigir una empresa o tener un equipo de fútbol. Para ser un jefe de gobierno es necesario tener dotes que sus numerosos predecesores jamás han demostrado, es verdad; que ni siquiera sus colegas europeos demuestran, es verdad; pero que Usted ciertamente no ha estrenado. Las dotes que tenían, por ejemplo, Klemens Wenzel Lothar, príncipe de Metternich, y Camillo Benso, conde de Cavour, y Benjamin Disraeli. En nuestro tiempo, Winston Churchill y Franklyn Delano Roosevelt y Charles De Gaulle. Coherencia, credibilidad, conocimiento de la Historia presente y pasada. Estilo y clase de sobra. Y, sobre todo, coraje. ¿O bien, sobre este último aspecto, pido demasiado?

Quizá pido demasiado. Porque, señor Primer Ministro de mi país, yo nací y crecí con una riqueza bastante insólita y por consiguiente (temo) no muy familiar a Usted: la riqueza de haber sido educada como Bobby y el alcalde Giuliani... Y, para explicarme mejor, traslado el discurso al tema de mi madre. Oh, señor Cavaliere, Usted no tiene idea de quién era mi madre. No tiene ni idea de lo que enseñó a sus hijas. (Todas hermanas, nosotras. Ningún hermano.) Cuando en la primavera de 1944 mi padre fue arrestado por los nazi-fascistas, nadie sabía adónde lo habían conducido. El diario de Florencia informaba sólo que lo habían prendido porque era un-criminal-vendido-a-los-enemigos. (Léase anglonorteamericanos.) Pero mi madre dijo: «Yo lo encontraré». Fue de prisión en prisión, luego a Villa Triste (¡Villa Triste!), el centro de torturas, y allí consiguió introducirse en la oficina del Jefe. Un tal Mario Carità (¡Caridad!), el cual admitió que sí, que mi padre estaba bajo su custodia, y en tono socarrón añadió: «Señora, puede vestirse de negro. Mañana a las seis su marido será fusilado en el Parterre. Nosotros no perdemos el tiempo en procesos». ¡Ah...! Me he preguntado siempre cómo habría reaccionado yo en su lugar. Y la respuesta siempre ha sido: no lo sé. Pero sé cómo reaccionó mi madre. Todo el mundo lo sabe. Permaneció un momento inmóvil. Fulminada. Luego, lentamente, levantó el brazo derecho. Apuntó el dedo índice a Mario Carità y con voz firme, tuteándolo como si fuese un criado suyo, le espetó: «Mario Carità, mañana por la mañana a las seis haré lo que dices. Me vestiré de negro. Pero si has nacido del vientre de una mujer, aconseja a tu madre que haga lo mismo. Porque tu día está llegando».

En cuanto a lo que sucedió después, bien: lo contaré en otra ocasión. Por ahora le basta saber que mi padre no fue fusilado, que Mario Carità acabó pronto sus días como mi madre le había augurado, y que su Italia no es mi Italia. Nunca lo será.

* * *

No es tampoco la Italia haragana, floja, que por Libertad entiende licencia. (Yo-hago-lo-que-quiero.) Evidente. La Italia que ignora el concepto de disciplina, mejor, de autodisciplina, y que ignorándolo no lo vincula al concepto de libertad: no comprende que la libertad es también disciplina, mejor, autodisciplina. La Italia que en su lecho de muerte mi padre describía con estas amargas palabras: «En Italia se habla siempre de Derechos y nunca de Deberes. En Italia se finge ignorar o se ignora que cada Derecho comporta un Deber, que quien no cumple su propio deber no merece tener ningún derecho». Y luego: «Porca miseria, ¿no me habré equivocado al trabajar tanto por mi país, al ir a la cárcel por los italianos?». Con aquella Italia, la Italia pobre que no consigue nada. Pobre en honor, en orgullo, en conocimiento e incluso en gramática. La Italia, por ejemplo, de los célebres magistrados y diputados que, no conociendo la Consecutio-temporum, pontifican desde las pantallas de la televisión con monstruosos errores de sintaxis. (No se dice: «Si hace dos años he conocido». Se dice «Si hace dos años hubiera conocido»: ¡ignorantes! No se dice: «Creo que fuera». Se dice «Creo que hubiera sido»: ¡analfabetos!) La Italia de los maestros y de las maestras, de los profesores y de las profesoras, de los que recibo cartas con errores de sintaxis y de ortografía. Así, cuando tienes un secretario que ha sido alumno de ellos te encuentras con un mensaje igual al que tengo delante de mis ojos. «Señora, su amiga se encuentras ha Chicago.» La Italia de los universitarios que estudian la historia y confunden a Mussolini con Rossellini, el marido-de-Ingrid-Bergman (me lo dijeron a mí), y no saben que Dachau y Mauthausen eran campos de concentración para exterminar a los judíos.

«¿Quién es Dachau? ¿Qué es Mauthausen?» Y por favor no les preguntes quiénes eran, por ejemplo, los Carbonarios del Risorgimento. Te contestan: «Unos que vendía carbón». Por caridad no les preguntes quiénes eran Silvio Pellico, Carlo Alberto, Massimo d'Azeglio, Federico Confalonieri, Ciro Menotti o Pío IX. Y ni siquiera quiénes eran Cavour, Vittorio Emanuele II, Mazzini, qué era la Joven Italia. Te miran con la pupila apagada y la lengua colgando. Como máximo algunos conocen el nombre de Garibaldi y, gracias a una película con Marlon Brando, saben que Napoleón era el marido de Josefina. En cambio conocen el arte de drogarse, pasar las noches en las discotecas, comprarse vaqueros que cuestan tanto como la mensualidad de un obrero. Conocen la manera de ser mantenidos hasta los treinta años por progenitores más ineptos que ellos. Progenitores que les regalan el teléfono móvil cuando tienen nueve años, el ciclomotor cuando tienen catorce, el coche cuando tienen dieciocho. (Así, cuando buscas un secretario que pueda sustituir al que escribe se encuentras-ha-Chicago, y al candidato de veintisiete años le preguntas qué trabajo ha desempeñado hasta ahora, te responde: «Una vez fui profesor de tenis. Yo juego muy bien al tenis».) Saben también hacinarse para oír las alocuciones de un Papa

170

que en mi opinión tiene una gran nostalgia del poder temporal y calladamente lo ejercita con gran habilidad. Saben también esconder el rostro tras los pasamontañas para interpretar el papel de guerrilleros en tiempo de democracia, o sea cuando no están los Carità y los Pinochet, los pelotones de ejecución. Los cobardes. Los moluscos (como yo los llamo). Los herederos de los «revolucionarios» que, en el año 1968, emputecían las universidades y que hoy administran Wall Street o la Bolsa de Milán, de Londres, de Madrid. Y estas cosas me disgustan profundamente. Me disgustan porque la desobediencia civil es algo muy serio, no es un pretexto para divertirse y hacer carrera. El bienestar es una conquista de la civilización, no es un pretexto para vivir de arriba. Yo comencé a trabajar el día en que cumplí dieciséis años, a los dieciocho me compré la bicicleta y me sentí una reina. Mi padre comenzó a trabajar a los nueve años. Mi madre, a los doce. Y antes de morir, me dijo: «Sabes, estoy contenta de que ciertas injusticias contra los niños se hayan resuelto». Pobre mamá. Creía que no haciendo trabajar a los niños ya estaba todo resuelto. Creía que con la enseñanza obligatoria y la universidad accesible a los pobres (una maravilla que ella nunca conoció, ni tan siquiera concibió) los jóvenes habrían aprendido las cosas que ella nunca aprendió y que tanto hubiera querido aprender. Creía haber ganado, creía que habíamos ganado. ¡Menos mal que murió antes de descubrir la verdad! Porque hemos perdido, por Dios. Hemos perdido. En lugar de jóvenes cultos, nuestra sociedad se ahoga en el mar de los burros que he mencionado. En lugar de futuros líderes, los moluscos que he dicho. Y ahórrate el habitual «no-todos-son-así, hay-también-buenos-estudiantes, licenciados-serios, chicos-y-chicas-de-primera-calidad». Sé muy bien que los hay. ¡Faltaría más! Pero son pocos, demasiado pocos. Y no me bastan. No bastan.

En cuanto a la Italia de las cigarras con las cuales he empezado este sermón desesperado... Las cigarras que mañana me odiarán más que antes, que entre un plato de espaguetis y un bistec me maldecirán más que antes, más que antes desearán verme asesinada por un hijo de Alá... Esas cigarras presuntuosas, venenosas, envidiosas, que con sus debates televisivos nos atormentan más que las cigarras de verdad. Fri-fri, fri-fri, fri-fri... (¡Ah, cómo les gusta pavonearse en televisión! Aunque sean viejos. A los viejos, casi más que a los otros. ¿Por qué? ¿Han conseguido tan poco en su vida hecha de poco? ¿No han sabido traer alguna sabiduría a su vejez?) Esas criaturas patéticas, parasitarias, inútiles. Esos falsos Sans-

Coulottes que, disfrazados de ideólogos, teólogos, periodistas, cronistas, escritores, actores, grillos cantores y vendidos a unas izquierdas sin dignidad, putas à la page, dicen sólo lo que está de moda. Lo que les dicen que digan. O bien lo que les sirve para colarse en el jet set seudointelectual, aprovecharse de los privilegios que eso conlleva, ganar dinero. (Mucho dinero.) Esos insectos que han sustituido la ideología marxista por la moda de lo Politically Correct. La moda o bien la asquerosa hipocresía que en nombre de la Fraternidad (sic) predica el pacifismo a ultranza, repudia también las guerras que hemos librado contra los nazi-fascistas de ayer, besa los pies de los invasores y crucifica a los defensores. La moda o bien la fábula que en nombre del Humanitarismo (sic) absuelve a los delincuentes y condena a las víctimas, llora por los Talibanes y escupe contra los norteamericanos, les perdona todo a los palestinos y nada a los israelíes. (Y que en el fondo querría volver a ver a los judíos exterminados en los campos de Dachau y Mauthausen.) La moda o bien la demagogia que en nombre de la Igualdad (sic) niega la calidad y el mérito, la competición y el éxito. Pone en un mismo plano a una persona culta y una analfabeta, un ciudadano respetable y un payaso girouette que exaltaba Pol Pot. La moda o el cretinismo

173

que, en nombre de la Justicia (sic), abole las palabras del diccionario y llama «obreros ecológicos» a los barrenderos. Llama «colaboradoras familiares» a las criadas. Llama «personal no enseñante» a los conserjes de los colegios, «invidentes» a los ciegos, «no oyentes» a los sordos, «no caminantes» (supongo) a los cojos. Y «función política del hecho social», el asesinato político. La moda o bien la inmoralidad que llama «tradición local» o «cultura diferente» a la ablación. Es decir, la costumbre feroz con la cual, para impedir el placer sexual, numerosos musulmanes cortan el clítoris a las muchachas y les cosen los labios mayores de la vulva. (Dejan solamente una pequeña grieta que permite orinar. Imagínate pues el sufrimiento de una desfloración y luego de un parto.) La moda o bien la farsa según la cual los occidentales descubrieron la filosofía griega a través de los árabes. Según la cual el árabe es la lengua de la Ciencia y desde el siglo IX la más importante del mundo. Según la cual cuando escribió sus fábulas Jean de la Fontaine no se inspiró en Esopo: plagió unos cuentos indios traducidos por un árabe llamado Ibn-al-Muqaffa.

Por ejemplo la cínica explotación de la palabra racista. No saben qué significa pero la explotan igualmente. («Speaking of racism in relation to a religion

174

is a big disservice to the language and to the intelligence. Hablar de racismo a propósito de religión es hacerle un gran perjuicio a la lengua y a la inteligencia», ha declarado un estudioso afronorteamericano cuyos antepasados eran esclavos.) Y es inútil hacer votos para que razonen, para que piensen. Porque en el mejor de los casos reaccionan como el cretino del proverbio tan amado por Mao Tse Tung: «Cuando le señalas la Luna con el dedo, el cretino mira el dedo no la Luna». Y paciencia si, en algunos casos, la Luna la ven bien. Paciencia si en el fondo de su pequeño corazón piensan como pienso yo. Porque, no teniendo los cojones necesarios para ir contra corriente, fingen ver el dedo y basta. En cuanto a las Súper Cigarras de Lujo, es decir, a los amos del jet set político-intelectual, me parecen la banda de Barras y Tallien y Fouché: los tres chaqueteros sobre los que he hablado a propósito de los «girouettes» paridos por la Revolución Francesa, los tres comisarios del Terror que eliminaron a Robespierre y se pusieron al servicio de Napoleón...

¿Es esta la gente con la cual querrías verme chacharear cuando me reprochas el silencio que elegí, cuando desapruebas mi puerta cerrada? ¡Ahora le pongo un cerrojo a mi puerta cerrada! Mejor: compro un perro rabioso, y agradézcanle a Dios si sobre el cancel que precede a la puerta cerrada coloco un cartel con la advertencia: «Cave canem». Ahora te digo por qué. Porque he sabido que algunas Súper Cigarras de Lujo vendrán pronto a Nueva York. Vendrán de vacaciones, para visitar la nueva Herculano y la nueva Pompeya, o sea las Torres que no existen más. Tomarán un avión de lujo, se alojarán en un hotel de lujo, el Waldorf Astoria o el Four Seasons o el Plaza, donde por una noche no se paga menos de seiscientos cincuenta dólares, es decir, un millón y medio de liras, y una vez dejadas las maletas correrán a ver los escombros. Con sus costosas máquinas fotografiarán los restos, del acero fundido, dispararán sugestivas imágenes que luego mostrarán en los salones esnobs de la capital. Con sus costosos zapatos de dos millones el par pisarán el café molido, en fin comprarán las máscaras antigás que en Nueva York se venden en caso de ataque químico o bacteriológico. Es chic, comprendes, regresar a Roma con una máscara antigás comprada en caso de ataque químico o bacteriológico. Permite vanagloriarse, decir: «¡Sabes, en Nueva York he arriesgado el pellejo!». Permite incluso lanzar una nueva moda: la moda de las Vacaciones Peligrosas. Hace algunos años inventaron las Vacaciones Inteligentes, ahora inventarán las Vacaciones Peligrosas... Y las cigarras de lujo o de no lujo de los otros países europeos harán exactamente lo mismo. Aleluya: heme aquí en Europa.

Discursito sobre Europa. Queridas cigarras españolas, inglesas, francesas, alemanas, holandesas, portuguesas, húngaras, escandinavas, etcétera, etcétera, amén: no se regocijen demasiado al leer mis vituperios contra las Italias que no son mi Italia. Sus países no son en absoluto mejores que el mío. Nueve de cada diez son copias desoladoras del mío, y lo que he dicho sobre los italianos vale también para ustedes: siempre o casi siempre hechos de la misma pasta... Idénticas las culpas, las cobardías, las hipocresías. Idénticas las cegueras, las mezquindades, las miserias. Idénticos los líderes de derecha y de izquierda, idéntica la arrogancia de sus secuaces. Idénticas la presunción, la demagogia, la tontería. Idénticos el tránsfuga intelectual y el terrorismo. ¡Oh sí, en este sentido pertenecemos realmente a una gran familia! Para darnos cuenta es suficiente echar un vistazo al fallido Club Financiero que llaman Unión Europea: el penoso embrollo que ha servido sólo para facilitar la invasión islámica, imponernos la estupidez llamada Moneda Única, pagar salarios fabulosos y exentos de tasas y enriquecidos por fabulosos reembolsos de gastos a sus parlamentarios, robar el par-

mesano y el gorgonzola a los italianos, abolir seten-
ta razas caninas (todos-los-perros-son-iguales, ha
comentado desdeñosamente la antropóloga Ida
Magli), y uniformar los asientos de los aviones.
(Todos-los-culos-son-iguales.) Esa decepcionante
Unión Europea donde se habla siempre francés e inglés y alemán, nunca el español o el italiano o el
flamenco o el húngaro o el finlandés o qué sé yo. Y
donde manda aquella troika habitual. (¡Caramba!
Hace siglos que Francia e Inglaterra y Alemania se
detestan, empero siguen mandando juntos...) Esa
ambigua Unión Europea que masoquistamente al-
berga a quince millones de musulmanes, masoquistamente tolera su arrogancia, masoquistamente fornica con los países árabes y embolsa sus infectos
petrodólares. Esa estúpida Europa que parlotea de
«identidad-cultural» con el Oriente Medio. (¡¿Qué
significa identidad-cultural-con-el-Oriente Medio,
tontos?! ¿Dónde está la identidad-cultural con el
Oriente Medio, estúpidos? ¿En la Meca? ¿En Be-
lén, en Damasco, en Beirut? ¿En El Cairo, en Teherán, en Bagdad, en Kabul?!) Esa irritante Unión Europea, esa mentira a la cual con el parmesano y el
gorgonzola Italia está sacrificando su propia lengua
y su propia identidad nacional... ¡Ah! ¡Cómo soñaba a Europa cuando era joven, muy joven, cuando

tenía dieciséis y diecisiete y dieciocho años! Venía de
la jodida Segunda Guerra Mundial, comprendes.
Una guerra en la que los italianos y los franceses, los
italianos y los ingleses, los italianos y los alemanes,
los alemanes y los franceses, los alemanes y los ingleses, los alemanes y los polacos y los holandeses y los
daneses y los griegos, etcétera, etcétera, amén, se habían matado entre ellos: ¿recuerdas? Extasiado por
la nueva lucha mi padre predicaba el Federalismo
Europeo, espejismo de Carlo y Nello Rosselli, para
predicarlo convocaba mítines, hablaba al pueblo, gritaba: «¡Europa, Europa! ¡Somos todos hermanos, tenemos que hacer Europa!». Y llena de entusiasmo yo
lo seguía como lo había seguido cuando durante el
fascismo gritaba: «Libertad, Libertad». Con la paz
empezábamos a conocer a los que habían sido nuestros enemigos y viendo a los alemanes sin uniformes,
sin ametralladoras, sin cánones, me decía: «Son como nosotros. Si visten como nosotros, comen como
nosotros, ríen como nosotros, aman como nosotros la música y la literatura y la pintura y la escultura, como nosotros quieren la democracia y rezan
o no rezan: ¿es, pues, posible que nos hayan hecho
tanto daño, que nos hayan asustado tanto, que nos
hayan arrestado y torturado y matado?». Luego me
decía: «Pero nosotros también los hemos matado.

Nosotros también...». Y con un escalofrío de horror me preguntaba si durante la Resistencia yo también había matado, había contribuido a la muerte de algún alemán. Me lo preguntaba y al contestarme sí, probablemente sí, seguramente sí, ensayaba una especie de vergüenza. Me parecía haber combatido en la Edad Media cuando Florencia y Siena estaban en guerra y, después de una batalla, el agua del río Arno se volvía roja de sangre. La sangre de los florentinos y la sangre de los sieneses. Con un escalofrío de estupor contestaba mi orgullo de haber sido un soldado para mi patria, y concluía: «¡Basta, basta! Mi padre tiene razón. Somos todos hermanos, tenemos que hacer Europa. ¡Europa, Europa! ¡Viva Europa!». Bueno. Los italianos de las Italias que no son mi Italia cacarean que hemos hecho Europa. Los franceses, los ingleses, los españoles, los alemanes (etcétera) que se asemejan a los italianos dicen lo mismo. Pero este Club Financiero que roba mi parmesano y mi gorgonzola, que sacrifica mi bella lengua y mi identidad nacional, que me irrita con el Politically Correct y con sus ridículas demagogias populistas, todos-los-perros-son-iguales, todos-los-culos-son-iguales, esta mentira que facilita la invasión islámica y hablando de Identidad-Cultural fornica con los enemigos de nuestra civilización, no es la Europa que yo soñaba. No es Europa, es el suicidio de Europa.

El suicidio de Europa, sí. Y dicho esto vuelvo a Italia. Termino de la forma que sigue.

* * *

¿Cuál es, entonces, mi Italia? Muy sencillo, querido, muy sencillo. Es la Italia opuesta a las Italias de las que te he hablado. Una Italia ideal. Una Italia seria, inteligente, valiente, digna, y, por lo tanto, merecedora de respeto. Una Italia laica, una Italia que defienda sus principios y sus valores, o sea su cultura y su identidad. Una Italia que no se deje intimidar ni por los hijos de Alá ni por los Fouché y los Barras y los Tallien. Una Italia orgullosa de sí misma, una Italia que se lleve la mano al corazón cuando salude a la bandera blanca, roja y verde. En definitiva, la Italia que soñaba de niña, cuando no tenía zapatos pero estaba llena de ilusiones. Y esa Italia, una Italia que existe, existe aunque sea abucheada o burlada o insultada, cuidado quién me la toca. Cuidado quién me la roba. Cuidado quién me la invade. Porque que los invasores sean franceses de Napoleón o austriacos de Francisco José o alemanes de Hitler o árabes de Osama bin Laden pa-

181

ra mí es exactamente igual. Que para invadirla utilicen cañones o balsas, la guerra mundial o la Guerra Santa, lo mismo.

Stop. Lo que tenía que decir lo he dicho. La rabia y el orgullo me lo han ordenado, la conciencia limpia y la edad me lo han permitido. Ahora basta. Punto y basta.

ORIANA FALLACI

Nueva York, septiembre de 2001